한국유사

韓國有事

한국유사

박지은 지음

우리 역사 속
특급비밀 **37**

앨피
Long Playing Book

우리 역사 속에 이런 이야기가 있었어?

재미난 이야기를 몹시 좋아한다.

무슨 이야기든지 재미있어야 한다고 믿고, 재미난 이야기를 들려주기를 좋아한다. 그런 면에서 역사는 무궁무진한 이야깃거리가 담겨 있는 이야기창고 같다.

평소에, 이런 이야기도 있었어? 왜 몰랐지? 하고 생각했던 이야기들을 모아 모아서 책을 펴내게 되었다. 무겁고 진지하기만 한 역사의 표정을 최대한 가볍고 밝게, 그러나 인간에 대한 사랑이 가득 담긴 시선으로 바꿔 보고 싶었다.

사랑에도 참 여러 가지 종류가 있다. 무조건 주는 사랑, 더 큰 대가를 욕망하는 사랑, 내 욕망만을 충족시키려는 사랑, 나를 살리는 사랑, 죽자 살자 처절하게 망가지는 사랑……. 처음부터 사랑에 초점을 맞춘 것은 아니지만, 모든 이야기가 결국엔 사랑으로 귀결된 느낌이다.

결국 사랑이 문제였다. 그것이 나라 혹은 백성에 대한 것이든, 자식 혹은 연인에 대한 것이든, 내 욕망에 대한 것이든.

또 하나,

모든 이야기는 아주 사소한 계기로 일어난다. 그냥 '나 화났거든!' 삐쳐서 거짓말 좀 했다가 목숨을 잃은 여인들, 질투심에 어깃장 놓다가 반란까지 일으킨 남정네들. 역사 속에 등장하는 것들은 까마귀 한 마리, 돼지, 갈대숲, 편지, 솥단지 하나도 허투루 지나칠 수가 없다.

그런 계기들이 얽혀 원한이 되고, 야망이, 욕망이, 사랑이, 한恨이 생기고 그것이 그대로 이야기로 남았다. 내가 본 역사는 그런 모습이었다.

이 책의 제목을 한국'유사有事'로 지은 것은, 우리 역사를 몇몇 정사 속에 박제된 역사史로서가 아니라 이 땅에서 실제로 일어난 일들事로 보여 주고 싶어서이다. 그처럼 거창하지 않고 소소하고 재미난 일들이 모여 역사가 되었다.

앞으로 우리 역사뿐 아니라 일본, 중국 등 동아시아 역사로 채굴採掘 영역을 넓혀 가고 싶다. 이 책이 나오도록 많은 애정과 조언을 아끼지 않은 여러분들, 특히 최성구 씨께 감사드린다. 사랑하는 가족들도.

2014년 9월

박지은

차 례

3대에 걸친 질긴 악연

부 여 대 소 왕 과 고 구 려 대 무 신 왕

부여(기원전 2~494)의 4대 왕 대소는 얼굴이 붉으락푸르락했다. 감히 대부여국의 왕이 군신 관계를 맺자고 보낸 사신을 그렇게 무례하게 대하다니. 이제 건국된 지 50여 년밖에 안 된 햇병아리 소국 주제에. 주몽의 아들 유리는 부여를 섬기겠노라 정중히 고개를 숙였었다. 그런데 그 자식 놈이 되바라지게 "그러려면 부여가 그에 상응하는 모범을 보여야 한다"고 지껄였다니.

실제로 대소왕이 사신을 보낸 서기 20년 무렵 부여는 북만주의 강국이었고, 그에 비해 고구려는 만주의 한 귀퉁이를 차지하고 있는 약소국에 불과했다. 부여는 그런 고구려를 복속하려 호시탐탐 노리며 여러 차례 압박을 가했다. 고구려의 제2대 왕 유리는 아직 미약한 고구려의 국력을 고려해 부여에 유화적인 정책을 폈다. 그런데 아직 열여덟 살에 불과한 유리의 아들 무휼이 부여에 대항하고 나선 것이다. 고구려를 어떻게든 복속해야겠다는 대소왕의 투지가 더욱 불타올랐다.

전쟁의 발단이 된 까마귀 한 마리

서기 20년 10월 고구려의 제3대 왕 무휼이 왕에 오른 지 3년째 되던 해, 대소왕은 까마귀 한 마리를 선물 받았다. 부여인이 사냥을 나갔다 머리는 하나인데 몸은 두 개인 붉은 까마귀를 발견하고는 이를 신기하게 여겨 대소왕에게 바친 것이다. 이를 본 한 신하가 말했다.

"까마귀는 본래 검으나 빛이 변해 붉어졌고, 머리는 하나인데 몸이 두 개이니 곧 두 나라가 하나가 될 징조인 듯합니다."

대소왕은 크게 기뻐했다.

"하하하! 그렇단 말이지. 그럼 사신을 시켜 이 까마귀를 고구려의 싸가지 무휼에게 갖다 주고 그 말을 그대로 전하도록 하라."

대소왕은 생각만 해도 웃음이 나왔다.

"그 말을 들을 때 무휼 그놈의 면상을 봐야 하는데……. 하하하! 사신에게 그 얼굴을 자세히 보고 짐에게 고하게 하라."

대소왕은 이제 부여가 저 눈엣가시 같은 고구려를 무너뜨리고 더 강해질 거라는 기대감에 가슴이 부풀었다. 주몽 대부터 이어져 온 악몽 같은 인연을 이제야 끊게 될 것인가. 뭔가 고소하면서도 10년 묵은

체중이 다 내려가는 느낌이었다.

'나쁜 피야, 나쁜 피……. 내 대에서 그 핏줄을 끊어 놔야 해.'

부여 왕의 명을 받든 부여 사신은 붉은 까마귀를 들고 고구려 조정을 찾았다. 사신은 붉은 까마귀 이야기와 부여 왕이 덧붙인 이야기를 자못 거만한 태도로 고구려 왕에게 전했다. 고구려 조정에 일순 정적이 흘렀다. 이어서 신하들이 수군거리기 시작했다. 이때 잠자코 부여 사신의 이야기를 듣던 고구려 왕 무휼이 껄껄껄 웃기 시작했다. 그 웃음소리에 고구려 조정은 다시 잠잠해졌다. 다들 고구려 왕의 얼굴만 바라보았다. 무휼은 침착하고 강한 어조로 말했다.

"원래 남주작南朱雀 북현무北玄武라 하여 검은색은 북방의 색이요 남방은 붉은색인데, 검은색이 붉게 변했으니 이건 북방이 남방으로 변한다는 뜻이다. 또한 이처럼 상서로운 물건을 부여 왕이 갖지 않고 고구려에 선물로 주었으니 앞으로 두 나라의 운명이 어찌될지 참으로 기대되지 않소."

이 말에 다들 탄성을 내질렀다. 진정 현명한 해석이었다. 거만하던 부여 사신의 얼굴에 당황한 빛이 내비쳤다.

신마神馬와 신기한 솥

그 소식은 전해들은 대소왕은 땅을 치며 후회하였다.

'내가 무슨 짓을 했단 말인가! 부여에 온 상서로운 선물을 그 고구려의 싹퉁늠(놈)에게 갖다 바치다니 내가 무슨 짓을 했단 말인가. 쥐새끼 같은 늠! 전생에 나랑 무슨 원수를 졌길래……. 준 것을 다시 달라 할 수도 없고. 애통하구나!'

그 시간, 무휼은 달을 보며 생각에 잠겼다.

옛 신화에 태양에는 삼족오三足烏(세 발 가진 까마귀)가 살고, 달에는 두 꺼비가 산다 했다. 고구려는 이 태양의 신神 삼족오의 나라이다.

'이리도 부여의 압박은 계속되는구나. 아직은 고구려의 힘이 약한데 부여가 쳐들어온다면 이 땅의 백성들은 어찌 될까. 먼저 치지 않으면 당할 것이다.'

무휼은 주먹을 불끈 쥐었다. 이제 선제공격을 준비해야 한다. 태양의 신 삼족오가 우리를 지켜 주실 것이다. 그는 삼족오 깃발을 바라보며 승리의 맹세를 했다.

드디어 서기 21년 12월, 무휼은 부여 정벌을 감행했다. 군사를 직접 이끌고 부여로 가는 길, 무휼은 신마 거루駏驤를 쓰다듬으며 깊은 생각에 잠겼다. 거루는 지난 9월 골구천骨句川에서 사냥을 하다가 우연히 붙잡은 야생마로 고구려와 부여를 통틀어 가장 잘 달리는 말이었다. 무휼은 거루를 얻는 순간 '이제 되었다!'라고 생각했다. 어떤 전쟁이든 승리할 수 있다는 확신이 들었다. 그런 만큼 거루에 대한 무휼의 애정은 남달랐다. 무휼은 거루의 갈기를 부드럽게 쓰다듬었다.

"거루야, 이번에 우리 힘을 대소왕에게 보여 주는 거야. 너도 자신 있지?"

거루와 함께라면 전쟁에서 반드시 승리할 것 같았다.

고구려 군대는 비류수(압록강의 지류인 혼강渾江. 졸본천) 물가에 다다라 잠시 휴식을 취했다. 무휼도 말에서 내려 쉬려는데 물가 저쪽에서 한 여인이 솥을 가지고 놀고 있는 모습이 눈에 띄었다. '아니 왠 여인이 솥을 가지고 저리 놀고 있나? 무휼은 이상하게 여겨 그 여인 쪽으로 다가갔다. 그런데 가까이 가니 여인은 온데간데없고 솥만 남아 있었다.

희한한 일이었다. 무휼은 이상하다 여겼지만, 마침 식사 때라 아무 생각 없이 그 솥으로 밥을 짓게 했다. 그런데 신기하게도 쌀을 넣으니 솥이 스스로 열을 내어 밥을 짓는 게 아닌가. 모두 놀라 다시 한 번 쌀을 넣으니 또 솥이 열을 내어 밥을 지었다. 정말 신기한 솥이었다. 전쟁에서 이리도 유용한 솥이 있을까. 정말 신통방통하였다.

무휼과 고구려 군사들이 그 솥으로 배불리 밥을 해 먹고 있을 때에

고구려의 첫 도읍지인 졸본성으로 비정되는 중국 라오닝성 환련현의 오녀산성. 멀리 보이는 산 정상이 산성이고, 그 앞으로 흐르는 강이 비류수로 비정되는 혼강이다.

한 사내가 나타났다. 그가 말하길, 그 솥은 자기 집안의 솥인데 누이가 가지고 나가 놀다 잃어버렸다 했다. 그러면서 고구려 왕이 솥을 찾았으니 되돌려 달라 할 수는 없고, 그 대신에 자신이 이 솥을 가지고 왕을 따르겠다고 하였다. 무휼은 이 또한 하늘의 뜻이라 여기고 그 사내에게 '부정負鼎'씨, 곧 '솥을 지고 가는 사람'이라는 성씨를 하사하고 부여 정벌에 같이 따르도록 하였다.

금옥새와 병장기, 괴유까지 얻다

고구려 군대는 다시 대오를 맞추고 길을 떠났다. 이물림利勿林에 도착하자 밤이 되었다. 무휼은 여기서 잠을 자고 이른 아침에 다시 떠나기로 했다. 그날 밤 무휼은 쉽게 잠들지 못했다. 모든 일이 꿈같기도 하고, 또 하늘의 뜻인 듯도 했다. 이런저런 생각에 엎치락뒤치락하다 어렵사리 잠이 든 무휼은 새벽녘에 이상한 쇳소리를 듣고 잠에서 깨었다. 쇠를 긁는 듯한 그 소리는 잠잠했다가 다시 반복하여 들렸다.

'어디서 나는 소리지? 잘못 들은 건가?'

어두워서 보이지는 않았지만 적 같지는 않다. 무휼은 더 이상 잠을 이루지 못하고 어둠속에서 소리가 나는 곳을 지켜보며 날이 밝기를 기다렸다. 그리고 날이 밝자마자 군사들을 시켜 소리가 나던 곳을 찾아보게 하였다. 이상하게도 그 근처 땅이 고르지 않았다. 과연 그곳을 파 보니 금으로 만든 옥새와 병기가 있었다. 둘러선 병사들이 깜짝 놀라 수군거렸다. 무휼 역시 속으로 놀랐지만, 얼른 마음을 추스르고 군사들에게 말하였다.

"이 옥새와 병기는 하늘이 우리 고구려에게 주는 선물이다. 이 전쟁은 우리 고구려의 승리로 끝날 것이다. 이것이 바로 그 증표이다!"

무휼이 옥새와 병기를 들어 군사들에게 보이자, 군사들은 환호하며 전쟁의 승리를 확신하였다. 고구려 군사들의 기세가 하늘을 찌를 듯했다.

일말이나마 남아 있던 불안과 두려움도 이젠 깨끗이 사라졌다. 무휼과 고구려군은 다시 행군 채비를 했다. 그때 북명北溟(원산만)에서 왔다는 '괴유怪由'라는 자가 무휼을 뵙기를 청하였다.

괴유는 키가 9척에 얼굴은 하얗고 눈빛에는 광채가 있어 그 생김새부터 사뭇 남달랐다. 무휼은 괴유를 보자마자 그의 비범함을 알아보았다.

"그래 이름이 괴유라고? 무슨 일이냐?"

"왕께서 부여를 치러 가신다는 이야기를 들었습니다. 제가 비록 힘은 미약하오나 이 전쟁에 고구려와 함께하고 싶습니다. 또 왕께서 허락하시면 안하무인인 저 부여 왕의 목을 이 손으로 치겠습니다."

무휼은 잠시 의심하였으나, 괴유의 사람됨과 용맹함이 마음에 들어 그의 청을 허락하였다. 사실 속마음은 천군만마를 얻은 듯했다. 여기에 창 잘 쓰기로 소문난 적곡赤谷 사람 마로麻盧까지 고구려군의 길을 열겠다고 자청해 왔다.

이제 어느 누가 고구려군의 앞길을 막을 것인가. 무휼은 실로 이번 전쟁에 거는 기대가 컸다. 군사들 또한 길을 떠나 온 후 모든 일이 하늘의 뜻인 양 술술 풀리자 승리를 확신하며 가벼운 발걸음으로 부여로 향했다.

"이봐 정말 고구려는 태양의 나라인가 봐. 안 그래? 솥이며 병기며 괴유, 마로까지……."

"그러게. 난 부여군이 용맹하다는 소문을 듣고 이번에 출정하면서 오줌을 지릴 뻔했는데. 껄껄! 아무튼 예감이 좋아."

진창에 걸린 대소왕의 목을 베다

이듬해 2월, 고구려군은 부여국의 남쪽에 당도했다. 군사를 일으킨 지 거의 두 달 만이었다. 무휼은 우선 군사를 시켜 인근 지형을 파악하게 했다. 정찰 나갔던 군사가 돌아와서 하는 말이 이 일대는 진흙이 많은 땅이라 했다.

"진흙이 많아? 그럼 평지를 골라 그곳에서 피로를 풀며 대기하되, 부여군이 언제 올지 모르니 긴장을 늦추지 말아야 할 것이다."

무휼은 저 멀리 산등성을 바라보았다.

'대소, 내가 왔소이다. 어디 한번 붙어 봅시다. 그리도 업신여기던 고구려와 한번 겨뤄 봅시다!'

한편 부여 왕 대소는 고구려군이 오고 있다는 척후병의 보고를 받고 전 군대에 동원령을 내렸다.

"고구려의 싸가지! 오냐, 이놈! 멍청하게도 제 발로 죽을 곳을 찾아

왔구나. 단 한 명의 고구려 놈도 이 부여국에서 살아 나가지 못하게 해야 한다!"

대소는 군을 정렬하고 고구려군이 있는 남쪽으로 이동하였다.

'제 발로 찾아와서 명줄을 끊어 달라는데……. 이번에 제대로 끊어 줄 테다.'

부여군이 오고 있다는 보고를 받은 무휼은 군사들에게 꼼짝하지 말고 있으라 명하고, 괴유를 불러 은밀하게 명을 내렸다. 마침내 저 멀리서 부여군의 모습이 보이기 시작하였다. 양 진영에 극도의 긴장감이 감돌았다. 대소는 고구려군이 눈에 보이자 즉시 공격 명령을 내렸다.

"와!"

일시에 부여군이 움직였다. 무휼은 조용히 명했다.

"다들 그대로 있으라!"

왕의 명령에 어리둥절해 하면서도 꼼짝도 하지 않고 기다리던 고구려 병사들의 눈이 이내 휘둥그레졌다. 쏜살같이 달려오던 부여군이 그대로 진창에 빠져 허우적대는 광경이 눈앞에 펼쳐진 것이다.

그때 무휼이 외쳤다.

"지금이다!"

미동도 않고 있던 고구려군이 일시에 부여군에게 달려들었다. 진창에 발이 묶여 우왕좌왕하던 부여군은 고구려군의 공격에 맥을 추지 못했다. 그 틈에 이미 부여군의 심장부까지 진출한 괴유가 대소왕에게 달려들었다.

이 모든 상황이 믿기지 않아 그저 선 채로 "진격하라!"만을 외치고 있던 대소왕은, 전광석화처럼 달려드는 괴유를 보고 깜짝 놀랐다. 그리고 잠시 후 대소왕의 머리가 괴유의 손에 들려 있었다. 모든 일이 순식간에 벌어졌다. 고구려군은 환호했고, 부여군은 다들 놀라 눈만 끔뻑댔다. 이제 끝인가? 이것으로 전쟁은 고구려의 승리로 돌아가는가?

짙은 안개 덕에 목숨을 건진 고구려군

그런데 또 한 차례 이변이 일어났다. 지도자를 잃은 부여군이 그대로 주저앉기는커녕 들불 같은 분노를 쏟아 낸 것이다.

"우리 왕이 없었으면 고구려도 없었다. 이건 천인공노할 일이다!"

"고구려 놈들을 없애야 한다. 은혜를 원수로 갚은 고구려 놈들을 없애 버리자!"

"우리 왕의 원수를 갚자!"

분노로 치를 떨며 왕의 복수를 다짐하는 부여군의 사기는 하늘을 찌를 듯했고, 고구려군은 적장의 수급을 베고도 기가 죽어 어찌할 바를 몰랐다. 전세가 완전 역전되었다.

사기충천한 부여군은 고구려군을 여러 겹으로 에워싸고 압박하였다. 이제 무휼도 승리를 확신할 수 없었다. 괴유가 대소왕의 머리를 벨 때만 해도 승리를 확신했건만, 일이 어떻게 돌아가는 것이지 무휼도 어리둥절하기만 했다. 고구려와 부여의 대치는 여러 날 계속되었다.

부여군에 에워싸여 이러지도 저러지도 못한 채 군량미가 바닥을 드러내고 있었다. 밖에서는 부여군의 서슬 퍼런 칼날이, 안에서는 배고픔이 고구려군을 괴롭혔다. 무휼은 모든 일이 자기 탓인 것만 같아 너무도 고통스러웠다. 패배의 기운이 고구려군 진영에 빠르게 퍼지고 있었다. 무휼은 하늘에 빌었다.

'하늘이시여, 태양의 영험한 삼족오여, 고구려의 영혼들이여! 이 군사들을 위해, 고구려를 위해 한 번의 기회를 주시옵소서. 다시는 쓸데없는 패기로 전쟁을 일으키지 않고 고구려의 안녕과 번영만을 위해 살겠습니다. 길을 열어 주시옵소서.'

무휼은 진정을 담아 하늘에 빌었다. 온 힘을 다해, 정성을 다해……. 그때였다. 무휼의 진심이 통한 것일까. 갑자기 짙은 안개가 고구려와 부여 진영을 뒤덮었다. 한 치 앞도 분간하기 어려울 정도로 두터운 안개는 여러 날이 지나도록 걷힐 기미가 보이지 않았다.

중국 지린성 지안에 위치한 각저총 벽화에 새겨진 '삼족오'. 고대에 세 발 달린 까마귀는 태양의 신을 상징했다.

무휼은 하늘이 고구려를 돕는다고 판단했다. 그리고 서둘러 군사들에게 풀을 엮어 허수아비를 최대한 많이 만들라고 하였다. 그렇게 만든 허수아비들에게 병기를 들려 주고 진영 곳곳에 배치하니 마치 보초를 서는 고구려 군사처럼 보였다. 무휼은 군사를 시켜 밖으로 나갈 조그만 샛길을 알아 놓게 한 뒤 밤이 되기를 기다렸다.

땅거미가 내리자 안개로 뒤덮인 양 진영에는 불안한 기운이 감돌았다. 무휼은 병사들과 함께 허수아비들 사이로 조용히 움직여 샛길로 빠져나갔다. 그야말로 야반도주夜半逃走였다. 부여군에게 들키면 큰일이었다. 며칠 동안의 배고픔과 죽음에 대한 공포로 다리가 후들거려도, 누구 하나 숨소리조차 내지 않았다.

간신히 부여군의 시야에서 벗어나 한숨을 돌릴 때쯤 신마 거루와 솥을 잃어버렸음을 알았지만, 때가 때인지라 그대로 돌아갈 수밖에 없었다. 이물림에 도달했을 때 고구려군의 배고픔은 극에 달했다. 배고픔으로 몸조차 가눌 수 없었던 군사 몇몇은 들짐승의 먹이가 되었다. 무휼을 칼을 뽑아 달려드는 들짐승을 향해 내질렀지만, 그 힘은 미약했고 당장 그 자신도 들짐승의 먹이가 될 판이었다.

'내가 어리석다. 내가 부덕하다. 왕이 된 자에게는 백성의 안위가 먼저이거늘 내가 어리석었다…….'

가슴을 치며 한탄해 봐도 무휼이 할 수 있는 일은 없었다. 남은 군사나마 지키려면 얼른 고구려로 돌아가는 수밖에. 무휼은 병사들을 독려하며 서둘러 고구려로 향했다.

대무신왕의 다짐

고구려로 돌아온 무휼은 음지飮至의 식을 행했다. 동명성왕東明聖王

(고주몽)과 유리명왕瑠璃明王의 묘 앞에 선 무휼은 자책감으로 몸이 옥죄는 느낌이었다. 그는 신하들에게 말했다.

"내가 경솔히 부여를 공격하여 비록 부여의 왕 대소는 죽였으나 부여는 멸망시키지 못해 후한을 남겼다. 또한 우리 군사를 많이 잃었으니 모두 나의 잘못이다. 전장에서 죽은 고구려의 전사들을 결코 잊어서는 안 될 것이며, 부상당한 자들 또한 고구려의 이름으로 돌봐야 할 것이다. 고구려의 앞날을 책임진 왕으로서 다시는 경솔한 언행은 하지 않을 것이며, 고구려의 무한 복덕福德을 위해 이 몸을 헌신할 것이다."

무휼은 곧바로 전사자를 직접 조상弔喪하고 부상당한 사람을 문병하였다. 고구려를 위해 죽은 병사들을 한 명 한 명 다 기억해 주고 진심으로 가슴 아파하였다. 왕의 진심은 고구려 백성들을 감동시켰다. 백성들 또한 고구려와 운명을 함께할 것을 다짐하였고, 신하들은 충성을 다짐했다. 이는 이후 고구려를 결집시키는 중요한 계기가 되었고, 사사로이 전쟁을 일으키지 말아야 한다는 교훈을 남겼다. 무휼이 바로 호동왕자의 아버지 대무신왕大武神王이다.

그런데 고구려군이 퇴각 길에 잃어버린 신마 거루는 어떻게 되었을까? 과연 신마神馬는 신마였다. 거루는 한 달 뒤인 3월, 부여의 말 백필을 거느리고 학반령 아래 차회곡으로 돌아왔다. 이후 왕을 잃은 부여는 그 후계 문제로 내분이 일어나 와해되고 말았다. 큰 행운이 찾아왔다고 해서, 혹은 큰 불행이 닥쳤다고 해서 그것이 결코 끝이 아니라는 것은, 그 옛날부터 내려오는 명언인 듯하다.

돼지가 맺어 준 인연

고구려 산상왕과 후녀

고구려 제9대 왕 고국천왕이 아들이 없이 죽자, 왕위 계승 문제로 고구려 조정은 큰 혼란에 빠졌다. 고구려에는 그때까지 '형사취수兄死娶嫂', 즉 형이 죽으면 그 동생이 형수와 혼인하여 같이 사는 풍습이 있었다. 형이 죽으면 그 재산을 형수가 물려받게 되는데 그로 인해 혈족의 재산이 다른 혈족에게 넘어가는 것을 방지하려는 취지로, 유목민족에게서 많이 보이는 제도이다.

결국 고구려의 다음 왕은 고국천왕의 아내였던 우왕후의 선택에 맡겨지게 되었다. 우왕후는 고국천왕의 동생들 중에서 새로운 남편감을 골라야 했다. 우왕후는 야망이 큰 발기發岐를 제치고 그보다 어린 연우延優를 택했다. 이는 왕후 본인의 가문 유지를 위한 선택이었다. 이렇게 왕이 된 연우가 바로 고구려의 제10대 왕 산상왕山上王이다.

제사용 돼지를 찾아 준 아리따운 여인

서열상 자신이 왕이 될 것이라고 철석같이 믿었던 발기는, 동생이 왕이 되자 요동에서 군사를 빌려 반란을 일으켰다가 패하고 자결한다. 이렇게 왕위 계승 문제가 마무리되어 조정이 평안해지고 나자, 산상왕에게 또 다른 고민거리가 생겼다. 바로 후사 문제였다. 결혼한 지몇 년이 흐르도록 우왕후와의 사이에 아이가 생기지 않았다.

후궁을 들이고 싶어도 우왕후의 외척들이 반대할 것이 뻔했다. 자신이 후사 없이 죽는다면 조정에는 또다시 피바람이 불어닥칠 것이었다.

덕흥리 벽화고분 천장에 그려진 〈수렵도〉 중 사냥꾼. 덕흥리 고분은 평안남도 강서군 강서면 덕흥리(현재 남포직할시 강서구역 덕흥동)에 있는 고구려시대의 무덤이다.

산상왕은 하늘에 빌어 보는 수밖에 없다고 여겼다. 그래서 이번 동맹東盟 제사는 더 정성스럽게 준비하라고 신하들에게 일렀다.

매년 10월에 지내는 이 제천의식에서는 돼지를 잡았는데, 왕은 추성돈이라는 신하를 불러 의식용 돼지를 잘 관리하라고 특별히 명을 내렸다. 그런데 이게 웬일인가! 그 돼지가 그만 도망가 버리고 말았다. 추성돈은 얼굴이 하얘져서 이리저리 돼지를 찾아다녔다. 그때 주통촌 근처에서 어느 아름다운 여인이 나타나 돼지를 찾아 주고는 사라졌다.

궁궐에서는 사라진 돼지 때문에 난리가 났다. 아들을 낳게 해 달라고 빌 제사에 바칠 돼지가 없어진 것은 하늘이 노하신 징조일지도 모른다. 왕은 안절부절못했다. 그때 추성돈이 돼지와 함께 나타났다. 왕은 한편으로 안심하면서도 추성돈에게 버럭 화를 냈다.

"이 돼지가 어떤 돼지인데 이를 놓치느냐? 내 너에게 특별히 일렀거늘 이 일로 이번 동맹이 한 치의 부정이라도 탄다면 내 너를 용서치 않으리라!"

추성돈은 죽을죄를 지었다고 빌고는 "그런데 이상한 일은……."이라며 말끝을 흐렸다.

"무슨 일이냐?"

어느 아름다운 여인이 돼지를 찾아 주었다는 이야기를 듣고 왕은 이상한 마음이 들었다. 그 여인을 꼭 만나 보고 싶었다. 산상왕은 추성돈에게 그 여인을 찾아보라고 명했다. 추성돈은 수소문 끝에 그 여인이 주통촌에서 동생과 함께 사는 '후녀后女'라는 이야기를 듣고 이를 산상왕에게 아뢰었다.

산상왕은 사냥을 핑계로 궁을 나와 직접 주통촌을 찾아가 후녀를 만났다. 과연 추성돈이 말한 대로 스무 살 남짓의 아름다운 여인이었다. 왕은 후녀에게 한눈에 반했고, 이후 사냥을 핑계로 계속해서 은밀히 후녀를 찾았다. 이 소문은 곧 우왕후의 귀에 들어갔다.

왕후의 불같은 질투

질투에 눈이 먼 우왕후는 불같이 화를 냈다.

'누구 덕에 왕위에 올랐는데 감히 몰래 여자를 만나고 다니다니!'

게다가 혹시 그 여인이 아이라도 갖는다면 자신과 집안의 권력이 위협을 받을 것이 아닌가. 왕후는 당장 군사를 보내어 후녀를 죽이라 명했다. 군사들이 득달같이 후녀를 잡으러 왔다. 후녀는 놀라 달아났지만 군사들에게 금방 에워싸이고 말았다. 이제 딱 죽을 목숨이었다. '어떻게든 살아야 한다. 내 몸속에서는 이 나라 왕의 씨가 자라고 있지 않은가!' 후녀는 군사들을 향해 소리쳤다.

"이 뱃속에 폐하의 혈족이 자라고 있다. 나는 상관없으나 혹시 이 아이가 죽는다면 너희가 무사할 것 같으냐?"

산상왕이 얼마나 아이를 기다리고 있는지 잘 아는 군사들은 기가 꺾여 그대로 돌아갔다. 가까스로 목숨을 구한 후녀는 또다시 왕후의 군사가 찾아올까 염려하여 다급하게 이 사실을 산상왕에게 알렸다.

한편, 궁으로 돌아온 군사들에게 후녀의 이야기를 전해들은 우왕후는, 그러니 더더욱 후녀를 죽여야 한다고 호통을 쳐서 군사를 돌려보냈다. 뒤늦게 사실을 안 산상왕도 직접 군사를 이끌고 주통촌으로 달려갔다. 혹시 조금이라도 늦을까 봐 조바심을 내며 달리고 달렸다.

'내 핏줄이다. 고구려의 핏줄이다. 조금이라도 후녀에게 해를 가한다면 내 가만 있지 않으리!'

산상왕은 잠시도 쉬지 않고 달려 주통촌에 도착했다. 그런데 아뿔싸! 후녀의 집이 이미 왕후가 보낸 병사들에게 둘러싸여 있지 않은가. 말에서 내린 왕은 미친 듯이 집 안으로 내달렸다. 마침 왕후의 군사들이 후녀를 죽이려던 참이었다.

"당장 멈추지 못할까! 그 여인에게 손을 대었다간 목숨을 부지하지 못할 것이다!"

평생 화 한 번 안 냈다는 동천왕

가까스로 후녀를 살려 낸 산상왕은 후녀를 데리고 궁으로 돌아왔다. 왕에게는 자신의 아이를 가진 이 여인보다 소중한 것이 없었다. 그런데 그전에 해결해야 할 과제가 있었으니, 바로 우왕후였다.

왕후의 질투를 잠재워야 했지만 아직 즉위 초, 왕에게는 외척 세력에 맞설 힘이 없었다. 산상왕은 몸을 한껏 낮추고 우왕후의 침소를 찾았다. 그리고 궁색한 변명을 늘어놓으며 왕후의 마음을 달래 주었다.

드디어 왕후의 동의를 얻은 산상왕은 후녀를 소후小后에 봉하고, 후녀가 아들을 낳자 그 이름을 '교제郊祭'(제사)라 지었다. 제사 때 쓸 돼지로 인해 생긴 아들이라는 아주 직설적인 이름이다. 이 교제 왕자가 바로 성품이 어질어서 평생 화 한 번 내지 않았다는 고구려의 제11대 왕 동천왕東川王이다.

서해가 유독 짠 이유

고구려 중천왕과 관나부인

🖋 휘잉~.

"게 누구냐!"

관나부인은 바람 소리에 깜짝 놀라 소리쳤다. 밤잠을 이루지 못하며 작은 소리에도 소스라치게 놀라는 밤이 벌써 며칠째인가.

'이러다 죽겠구나. 왕후 손에 죽기 전에 피가 말라 죽겠구나.'

둥근 달을 보며 관나부인은 자기도 모르게 눈물을 쏟았다.

'궁에만 오면 배불리 먹고 잘살 줄 알았는데……. 배만 부르다고 행복한 건 아니구나. 이제 어쩌나…….'

관나부인의 긴 머리가 달빛을 받아 윤슬(빛나는 잔물결)처럼 빛났다. 부인의 긴 머리칼은 고구려에서도 알아주는 고운 머릿결로 소문이 자자했다.

'안 되겠어. 이렇게 죽을 순 없어.'

관나부인은 무언가를 결심한 듯 서둘러 몸종을 불렀다.

한국사 최고 미인

한국사 10대 미인을 꼽을 때 늘 첫 손가락에 꼽히는 여인이 바로 관나부인이다. 칠흑같이 길고 고운 머릿결, 꽃처럼 붉은 입술과 고른 치아, 개미처럼 가는 허리……. 관나부인의 미모는 백제 개루왕 때의 도미부인, 신라의 미실과 선화공주와 수로부인, 고려시대의 기황후, 조선의 어우동과 장녹수, 황진이, 장희빈을 능가했다고 전해진다.

고구려의 제12대 왕 중천왕은 사냥을 나갔다가 우연히 관나부인을 보고 한눈에 반했다. 곱디고운 얼굴에 머리카락 길이가 아홉 자(약 2.7미터)에 이르는 '장발미인'이었다. 비록 신분은 미천하나 그 아름다운 외모에 반하여 중천왕은 여인을 궁으로 데려가 장차 소왕후로 삼으려 했다. 출신지가 관나貫那(관노灌奴) 지역이어서 '관나부인'이 되었다.

그런데 중천왕에게는 연노부(연나부椽那部) 출신의 왕후 연씨가 있었다. 연노부는 대대로 왕비를 내며 강력한 권력을 행사했고, 왕조차 왕후의 눈치를 살펴야 하는 상황이었다. 왕후 연씨는 관나부인이 왕의 사랑을 독차지하는 것을 시기하고 질투했다.

그러던 어느 날, 왕후 연씨가 중천왕과 대면한 자리에서 말하기를

수산리 벽화고분에 남은 〈시녀상〉. 고대 고분벽화에 남은 여성상 중 가장 아름답다고 알려져 있다. 수산리 고분은 평안남도 남포시 강서구역 수산리(현재 평남 강서군 수산리)에 위치한 고구려시대의 무덤이다.

"위나라에서 긴 머리카락을 구하여 천금을 주고 사려 한다고 들었사옵니다. 예전에 선왕께서 중국에 예물을 보내지 않아 그들의 침입을 받아 이 나라의 사직을 거의 잃을 뻔하지 않았습니까? 지금 폐하께서 그들이 바라는 긴 머리카락을 지닌 관나부인을 바치면 그들은 흔쾌히 받고 다시는 이 나라를 침략하는 일이 없을 것입니다."

연씨는 조조의 위나라를 공격했다가 위나라 장수 관구검에게 수도 환도성까지 약탈당한 동천왕 때의 일을 들먹이며 은근히 왕을 위협했다.

중천왕은 왕후 연씨가 그와 같이 말한 뜻을 알기에 대답하지 않았다. 아무리 질투에 눈이 멀었기로서니 감히 부왕 대의 일까지 들먹이다니. 그러나 연씨를 비호하는 외척 세력의 심기를 건드려서 좋을 것이 없었다. 왕은 그냥 침묵했다.

그 이야기는 곧 관나부인의 귀에 들어갔고, 그날부터 관나부인은 혹시 왕후가 자신을 해하지 않을까 노심초사하기 시작했다. 중천왕의 사랑 하나만 믿고 궁궐에 들어온 외로운 처지인데, 저 기세등등한 왕후 세력이 악한 마음을 먹는다면…… 사실 당시 고구려의 국내 정치 상황을 고려하면 관나부인의 걱정은 기우가 아닐 수 있었다. 관나부인은 결심했다. 먼저 왕후를 공격하자!

뜨뜻미지근한 왕의 태도

중천왕은 울적한 기분으로 관나부인의 처소를 찾았다. 왕후의 일만 생각하면 골치가 아프고 관나부인이 애처로웠다. 명색이 왕인데 사랑하는 여인 하나를 지킬 힘이 없단 말인가. 그런데 방으로 들어서던 왕은 깜짝 놀라고 말았다. 관나부인이 그 흑단 같은 긴 머리채를 온통 풀어헤친 채 엎드려 있는 것이 아닌가.

"어찌된 일인가?"

왕이 묻자, 관나부인이 눈물을 흘리며 대답했다.

"왕후께서 '농사집[田舍] 여자가 어떻게 여기에 있을 수 있느냐? 만약 스스로 돌아가지 않으면 반드시 후회할 것'이라며 저를 꾸짖었습니다. 미천한 소첩의 생각에는 왕후가 대왕께서 나간 틈을 엿보아 저를 해할 것 같은데 이 일을 어찌하면 좋겠습니까?"

　그러나 중천왕은 대답하지 않았다. 아니, 대답할 수 없었다. 왕후는
관나를 멀리 보내라 하고, 관나는 왕후에게서 자신을 지켜 달라고 한
다. 왕은 이럴 수도 저럴 수도 없었다. 차마 사랑하는 여인을 중국에
보낼 수도 없고, 그렇다고 정치적 지지 기반인 왕후를 멀리하는 어리
석음을 범하고 싶지도 않았다. 그저 이 모든 상황이 피곤하기만 했다.

　왕의 뜨뜻미지근한 태도에 관나부인은 더 초조해졌다. 매일매일이
가시방석이었다. 중천왕이 궁궐을 비우기라도 하는 날이면 왕후가 자
객이라도 보내지 않을까 안절부절못했다. 미세한 바람 소리에도 화들
짝 놀라 잠도 이루지 못할 지경이었다.

얕은 속임수, 가혹한 처벌

　날이 밝자, 관나부인은 몸종을 불러 왕이 사냥을 나간 틈에 몰래 가
죽 주머니를 사오라고 명했다.

　"어느 누구의 눈에도 띄지 않아야 하느니라. 알겠느냐?"

　관나부인은 회심의 미소를 지었다.

　'두고 보라지. 내가 순순히 당하지는 않을 거야.'

　중천왕이 사냥을 나갔다가 궁으로 돌아올 때, 관나부인은 가죽 주
머니를 들고 슬피 울면서 중천왕을 맞이했다. 관나부인이 마중을 나
오는 일은 드물었기에 중천왕은 깜짝 놀라 물었다.

"여기 어인 일이오?"

그러자 관나부인은 비통하게 울기 시작했다.

"흑흑, 왕후가 저를 이 속에 담아 바다에 던지려고 하였습니다. 대왕께서는 저의 작은 목숨을 살려 집으로 돌려보내 주십시오. 어찌 감히 곁에서 모실 것을 바라겠나이까?"

여리고 아름다운 여인이 슬피 우는 모습을 보니 중천왕은 맘이 편치 않았다. 왕후는 거듭 관나부인을 위나라에 바치자고 했으니 그럴 법도 했다. 그러나 이내 과연 왕후가 그랬을까? 하는 의구심이 들었다. 왕후가 굳이 그런 어리석은 일을 했을까? 만약 그렇다면 중천왕도 이번에는 쉽게 넘어가지 않을 심산이었다.

왕은 궁의 모든 궁녀와 병사들을 한자리에 불러 모았다.

"정녕 왕후가 사람을 시켜 관나부인을 죽이려 하였느냐?"

모두 입을 모아 아니라고 대답했다. 그런데 한 궁녀가 가죽 주머니를 사 가는 관나부인의 몸종을 보았다고 증언했다.

"뭣이라!"

중천왕은 배신감에 피가 거꾸로 솟구쳤다. 그렇게 아끼고 지켜 주려 했건만……. 아무리 왕후가 핍박한다 해도 이리 무모한 일을 꾸미다니. 그렇다면 내 앞에서 보인 눈물은 다 거짓이었단 말인가!

중천왕은 한쪽에서 벌벌 떨고 있는 관나부인을 노려보았다.

"네가 기어이 바닷속으로 들어가고 싶으냐? 그럼 들어가라!"

왕은 냉정하게 눈길을 돌리고 병사들에게 명했다.

"여봐라, 저 여인을 저 가죽 주머니에 넣어 바닷속에 던져 버려라!"

관나부인은 너무 놀라 안색이 창백해졌다. 그 자리에 있던 병사들과 궁녀들 또한 놀라 눈만 끔뻑였다.

아무리 그래도 난 고구려의 최고 미인이 아닌가! 그렇게도 사랑하던 나를 바닷속에 넣겠다니! 너무도 쉽게 들통날 일을 저질렀다는 후회가 밀려들었다. 그래도 나를 죽이겠다니…….

관나부인은 나오지도 않는 목소리를 쥐어짜 내며 소리쳤다.

"폐하! 소인이 잘못했습니다. 왕후께서 소인을 해할 것 같아 무서운 마음에 그랬습니다. 용서하여 주시옵소서!"

그 순간, 중천왕과 관나부인의 눈길이 허공에서 얽혔다. 관나부인의 눈빛은 절절한 애원을 담고 있었다.

'제발…… 왕이시여 제발…….'

그러나 중천왕은 차갑게 눈길을 돌렸다. 이미 왕은 마음을 돌렸다. 제아무리 아름답다 해도 애정이 식으면 향기 잃은 꽃과 같은 것을.

"뭣들 하느냐! 당장 관나부인을 바다에 넣어라."

그녀는 그렇게 잔인하고 허무하게 서해에 수장되었다. 서기 251년, 중천왕 4년의 일이다. 이후 서해 바다의 물이 동해나 남해보다 더 짜졌다는 이야기가 있다. 관나의 눈물인가.

04

갈대숲을 지나니
왕이 바뀌었네

고 구 려   정 승   창 조 리 와   미 천 왕

고구려 제14대 봉상왕 때 나랏일을 맡아 본 창조리倉助利
는 힘이 없는 정승이었다. 국상國相이라는 벼슬은 허울에 불과했다.
왕은 왕권 강화를 위해 세력이 약한 창조리를 국상에 임명했다.

봉상왕이 누구인가. 292년 아버지 서천왕이 죽고 그 뒤를 이어 왕위
에 오르자마자 변방에서 고구려를 지키던 숙부 달가를 역모 죄를 씌
워 죽인 왕이다. 용맹스럽고 덕망이 자자했던 달가 장군이 죽자, 모용
씨가 이끄는 선비족(연燕나라)이 기다렸다는 듯 고구려에 쳐들어와 봉
상왕은 피란을 떠나야 했다. 이때 고노자 장군의 뛰어난 전술로 간신
히 모용씨를 몰아냈다.

그러나 이후에도 모용씨는 호시탐탐 고구려를 노리고 기회만 엿보
았다. 그런데도 봉상왕은 친동생인 돌고가 민심을 얻는 것을 시기하

여, 293년 모반 혐의를 씌워 자결하게 한다. 이때 돌고의 아들 을불은 아버지 돌고의 명에 따라 멀리 도망을 쳤다. 봉상왕은 을불을 찾으려고 혈안이 되었다. 왕은 전국에 검거령을 내려 을불을 보는 즉시 죽이라고 명하였다. 당시 고구려는 국방 문제뿐 아니라 흉작이 계속되어 백성들의 삶이 이를 데 없이 피폐해져 있었다.

이 폭정을 끝낼 인물은 어디에

《삼국사기》에 이르기를, '8년(299) 가을 2월에서 7월까지 비가 오지 않고 흉년이 드니 백성들이 서로 잡아먹을 정도였다'라고 했을 정도로 대기근의 시기였다. 그런데 봉상왕은 궁궐을 새로 짓겠다며 전국의 15세 이상의 장정을 강제 징발하여 노역을 시켰다. 그랬으니 고구려 백성들의 원성이 하늘에 닿았음은 짐작하고도 남음이 있다.

비록 이름뿐인 정승이었지만 창조리는 국상으로서 가만히 보고만 있을 수 없었다. 백성들의 노역을 줄이고, 기근 대책을 마련해야 한다고 왕에게 간언했다. 그러나 봉상왕은 그때마다 짜증을 냈다. 가끔은 오히려 은근히 협박까지 했다.

"국상이 백성들을 위해 죽으려는가?"

창조리는 봉상왕에게는 희망이 없다고 판단했다. 나라를 한바탕 뒤집어야 한다. 그러나 그에게는 그럴 힘이 없었다. 게다가 봉상왕에게는 아직 후사가 없었다. 정해진 후계자 없이 반정을 일으켰다간 권력

다툼이 일어날 것이 불 보듯 뻔했다.

창조리는 심복인 소우와 조불을 은밀히 불러들여, 두 사람에게 봉천왕의 동생인 돌고의 아들을 찾아오라고 했다. 소우는 을불의 얼굴을 알고 있었다.

을불乙弗은 봉천왕이 전국에 내린 검거령을 피해 거지꼴로 전국을 돌고 있었다. 머슴살이와 소금 장수 등 온갖 궂은일을 하며 하루하루 목숨을 부지하고 산 지도 어느덧 여러 해. 몸과 마음이 지칠 대로 지친 상태였다. 누군가 자신을 알아볼까 봐 늘 고개를 떨구고 다녔다. 이렇게 사느니 차라리 죽는 게 낫다는 생각이 하루에도 몇 번씩 들었지만, 그때마다 을불은 아버지 돌고의 유언을 떠올렸다.

"이 나라를 위해 꼭 살아 있으라!"

을불은 눈시울이 뜨거워지는 걸 애써 참으며 다리 밑으로 걸어갔다. 그전에 주변을 살핀 것은 물론이다. 그렇게 잠시 쉬고 있는데 낯선 남정네 둘이 다가왔다. 을불은 바짝 긴장하며 고개를 숙였다.

"혹 을불님이 아니신지요?"

을불은 깜짝 놀랐다. 너무 놀라 심장이 두근거렸다. 그러나 정신을 차려야 한다.

"무슨 말씀이신지요. 천해서 이름도 없이 이리저리 떠도는 거지입니다. 오신 김에 한 푼만 줍쇼."

그러나 소우는 을불의 얼굴을 알고 있었다. 행색이 초라했지만 분명 을불이었다. 소우는 얼른 절을 하였다.

"왜 그러십니까, 나리."

안악3호분 벽에 그려진 〈행렬도〉 중 말을 탄 문관들의 모습. 안악3호분은 황해도 안 악군 용군면 유설리(현재 황해남도 안악군 오국리)에 있는 고구려시대 무덤이다.

을불은 당황하여 당장이라도 도망칠 기세였다. 소우는 덥석 을불의 손을 잡고 눈물을 흘리며 말했다.

"을불 나리, 창조리 재상께서 보내서 왔습니다."

을불은 소우를 쳐다보았다. 소우 곁에 선 조불의 얼굴도 살폈다. 그 렇다면 창조리의 심복 아닌가. 창조리가 보냈다면 믿어도 되지 않을 까? 그러나……

을불은 목소리를 한껏 낮춰 반문했다.

"재상께서……?"

"저희와 같이 가시면 재상을 만나실 수 있습니다. 재상께서 은밀히 나리를 모셔 오라고 하셨습니다."

그 순간, 을불은 자기도 모르게 주변부터 살폈다.

"저희랑 같이 가시면 안전하십니다. 걱정하지 마십시오. 얼른 이곳을 벗어나야 할 듯합니다."

을불은 고개를 끄덕였다.

"뜻을 같이한다면 갈대를 꺾으시오"

창조리는 을불의 처참한 행색에 가슴이 미어지는 듯했다. 그러나 이렇게라도 살아 줘서 얼마나 다행인가!

창조리는 을불에게 정중히 절을 올렸다. 그리고 봉상왕을 내치고 새 왕을 옹립할 계획임을 밝혔다.

"을불 님이 새 왕이 되어 주서야겠습니다!"

을불은 깜짝 놀랐다. 왕이라니! 이것이 아버지가 남기신 '살아 있으라'는 말씀의 숨은 뜻인가.

"제가 다 준비할 터이니 그동안 은거하고 계십시오."

을불은 가슴이 뜨거워지는 걸 느꼈다. 정녕 이 나라의 운명을 바꿀 수 있단 말인가! 그렇다면 거지로 유랑한 세월이 하나도 아깝지 않을 것이다. 그동안 보고 듣고 느낀 그 수많은 고통과 슬픔들……

"알았소, 내 재상만 믿고 기다리겠소."

그렇게 창조리는 을불을 집에 모시고 거사의 기회를 엿보았다. 이 듬해 마침내 때가 왔다.

봉상왕 9년(300) 가을, 봉상왕이 창조리와 조정 대신을 거느리고 후

산侯山으로 사냥을 갔다. 사냥터에 가려면 키가 큰 갈대숲을 지나야 했다. 이윽고 왕의 행차가 갈대숲으로 접어들었다. 그때 왕의 뒤를 따르던 창조리가 낮은 목소리로 운을 떼었다.

"나와 뜻을 같이하는 사람은 나를 따라 하시오."

그러고서 갈대 하나를 꺾어 모자에 꽂았다. 그러자 그 뒤를 따르는 사람들이 하나둘 갈대를 꺾기 시작했다. 사냥터에 이르러서는 어느덧 대신과 그 부하들의 모자에 다 갈대가 꽂혀 있었다.

사냥터에 도착한 봉상왕은 어안이 벙벙했을 것이다. 주변을 돌아보니 갑자기 모든 신하들이 모자에 갈대를 꽂고 왕을 노려보고 있었을 테니. 그렇게 창조리의 반정은 성공하고, 봉상왕은 폐위되어 얼마 뒤 자결하였다. 이어서 을불이 왕위에 오르니, 그가 바로 고구려의 제15대 왕 미천왕美川王이다. 창조리는 미천왕을 잘 보필하여 고구려를 '동방의 혜성'으로 만들었다.

이심전심以心傳心, 지극하면 통한다던가. 갈대만 꽂았을 뿐인데 왕이 바뀐 것이다.

시작은 창대했으나
끝은 미약하리

고 구 려   고 국 원 왕

때는 서기 331년, 전쟁은 일상이었다. 언제 어디서 불어올지 모르는 바람처럼 사방에서 전쟁이 터졌다. 중국 대륙에서는 사마염의 진나라가 망하고 5호 16국 시대를 지나고 있었다. 고구려의 제15대 왕 미천왕은 한반도에서 낙랑군과 대방군을 몰아내고, 요동의 서안평을 점령하는 등 서쪽과 남쪽으로 고구려의 강역을 한껏 넓혔다. 미천왕의 아들 쇠(釗 : 사유斯由)는 이 넓은 영토를 고스란히 물려받으며 즉위했다. 그의 나이 25세였다.

쇠는 극적으로 요동치는 국제 정세 속에서 아버지가 강건히 나라를 넓혀 가는 것을 지켜보며 자랐다. 전쟁의 전략 전술은 태어나면서부터 익혀야 하는 법. 그에게 전쟁은 차라리 가업에 가까웠다. 그는 성실했고, 자나 깨나 아버지의 위업과 고구려의 대업만을 생각했다. 바로 비운의 왕 고국원왕이다.

연나라에 뒤통수를 맞다

고국원왕은 아버지가 돌아가시자 평양성은 물론이고 환도성과 국내성 등을 증축하며 중원으로 뻗어 나갈 방안을 모색했다. 그러면서 당시 요동을 장악하고 전성기를 구가하던 전연(연燕나라)을 견제하고자 동진東晉에 사신을 파견하는 등 다각도의 외교 정책을 구사했다.

342년 겨울, 마침내 전연의 모용황이 고구려로 쳐들어오고 있다는 척후병의 급보가 날아들었다. 고국원왕은 북쪽의 길은 평탄하므로 당연히 모용황이 그쪽으로 올 줄 알았다. 고구려의 지리를 모르는 전연군이 남쪽으로 올 것이라고는 예상하지 못했다. 그래서 자신은 소수의 병사로 남쪽을 지키고, 동생 무武에게 5만의 군사를 주어 북쪽을 지키게 했다.

그러나 이는 모용황의 기만전술이었다. 모용황은 장수 왕우에게 1만 5천의 군대를 주어 평탄한 북쪽 길로 보내고, 자신은 하수와 함께 5만 대군을 이끌고 험한 남쪽 길을 택해 고구려로 내려왔다.

전쟁을 지휘하는 이가 수많은 정보 중에서 진짜를 가려내는 지혜가 없으면 필전백패하게 된다. 그런데 고국원왕은 전연의 기만전술을 알아채지 못했다. 소수의 병사로 남쪽 길목을 지키던 그는, 날벼락처럼 들이닥친 대규모 전연군에게 아끼던 장수 아불화도 장군까지 잃고 졸지에 도망자 신세가 되었다.

기세가 오른 전연의 군사들은 고국원왕을 뒤쫓았고, 고국원왕의 어머니인 주씨를 포로로 잡게 되었다. 다행히 소식을 듣고 북쪽에서 달려온 동생 무가 전연군을 도륙했지만, 전연군은 퇴각 길에 미천왕의 무덤을 파헤쳐 시신을 도둑질하는 만행을 저질렀다.

그토록 방비를 했건만 한순간의 판단 착오로 아버지와 어머니, 아까운 병사들을 모두 잃다니! 고국원왕의 눈에선 피눈물이 흘렀다. 우선 아버지 미천왕의 시신부터 되찾아 오자!

고국원왕은 그로부터 1년 뒤인 343년 동생 무를 보내어 전연에 신하의 예를 갖추고서야 간신히 미천왕의 시신을 돌려받을 수 있었다.

안악3호분 벽에 그려진 〈행렬도〉 중 병사들의 행진.

그리고 10여 년이 흐른 355년이 되어서야 전연에서 어머니 주씨를 모여왔다. 그 대가로 받은 것이 '정동대장군征東大將軍 영주자사營州刺史 낙랑공樂浪公 고구려왕高句麗王'이라는 굴욕적인 칭호였다.

고국원왕이 전연의 '전' 자만 들어도 부들부들 떨며 복수심에 불타고 있는 와중에, 전연이 주도하던 대륙의 정세는 서서히 바뀌고 있었다.

370년 전진의 공격을 받은 전연이 쇠퇴하여 멸하면서 전연의 태부 모용평이 고구려로 도망쳐 왔다. 그는 모용각에 이어, 어린 황제 모용위를 대신하여 전연을 다스리고 있던 전연의 실질적인 지도자였다. 그런 자가 판단력을 잃은 것인지, 아니면 아직도 고구려를 속국으로 여긴 것인지 알 수 없지만 제 발로 고구려로 넘어왔으니 그 결과는? 고구려는 당연히 그자를 붙잡아 전진에게 넘겨주고 전진과 우호 관계를 수립하였다.

투항한 병사에게 또 뒤통수를…

이제 대륙에 전진이라는 새로운 강자가 나타났으니 북쪽으로 치고 올라가는 것은 무리였다. 이제 고국원왕은 남쪽으로 눈을 돌려, 369년 백제의 근초고왕이 마한을 정복하러 간 틈을 타 치양성(황해도 배천성)으로 쳐들어갔다. 이때 고구려 왕의 판단력을 뒤흔든 자가 있었으니, 그가 바로 백제인 사기다.

사기는 근초고왕이 즐겨 타던 말의 말굽을 상하게 하곤 겁이 나서 고구려로 도망쳐 온 인물이었다. 당시 분쟁 지역의 병사들은 하루아침에 고구려에서 백제로, 백제에서 고구려로 국경을 넘어 도망치는 일이 잦았다. 하지만 사기는 비록 한직이나마 근초고왕의 말을 관리하던 백제 중심부 사람이었다. 이 자가 혹 스파이는 아닌지, 그 인물됨과 의도를 면밀히 살펴보았어야 마땅한데 고국원왕은 그러지 않았다.

고국원왕은 너무 쉽게 사기를 받아 주고 바로 고구려군에 편입시켰다. 그런데 이 자가 고국원왕이 백제를 치러 백제 땅으로 들어가는 도중에 다시 백제군으로 돌아가 투항해 버렸다.

그는 근초고왕의 후계자인 근구수 태자를 만나기를 청하였다. 근초고왕이 마한을 정복하러 가서 백제는 왕이 없는 상태였다. 왕도 없고, 군대의 대부분이 왕을 따라간 터라 군사도 없었다. 백제의 태자는 절박한 심정으로 전쟁을 대비하고 있었다. 그런데 고구려로 넘어갔던 자가 만나기를 청한다니……혹시?

사기는 태자 앞에서 머리를 조아렸다.

"그래, 네가 고구려로 갔다가 다시 백제로 돌아온 연유가 무엇이냐?"

태자는 찬찬히 사기를 바라보았다. 근초고왕이 타는 말의 말굽을 상하게 하고 죽음을 면하려고 도망간 자이다. 그런 자가 무슨 일로 돌아왔단 말인가. 고구려군의 복장을 채 벗지도 않고서.

"소인이 고구려로 간 것은 폐하가 타시는 말의 말굽을 상하게 하고 목숨을 부지하기 위해서였습니다. 그러나 한시도 백제를 잊은 적이 없습니다. 어떻게 하면 백제로 다시 돌아올 수 있을지, 또 소인이 저지

른 큰 죄를 어찌하면 씻을 수 있을지 고민하던 차에 이번 전쟁에 큰 도
움을 드릴 수 있을 것 같아 이리 뵙기를 청했습니다. 지금 고구려군은
그 수가 많아 보이나 다 허세입니다. 간신히 머릿수만 채웠을 뿐 붉은
깃발의 병사들만 진짜 용감한 군사들이옵니다."

사기의 눈빛은 절박했다. 그 눈빛을 보며 근구수는 생각에 잠겼다.
중요한 순간이었다. 사기의 말이 거짓이라면, 백제의 영토뿐 아니라
근구수 자신의 목숨마저 위태로울 수 있었다.

"네 정녕 진실을 말하는 것이냐?"

태자는 당장이라도 사기를 죽일 듯 물었다.

"사실이옵니다. 소인 정녕 이 목숨마저 내놓을 수 있습니다. 저는
백제의 아들입니다. 믿어 주십시오!"

만약 저자의 말이 거짓이라면…… 백제의 장수들은 저런 자의 말
을 믿어서는 안 된다고 극력 반대했다. 그러나 안 믿는다고 해도 달리
방도가 없지 않은가? 근구수 태자는 결단을 내렸다.

"붉은 깃발의 군사들만 집중 공격하라!"

비록 그 수가 많지 않았지만 백제의 병사들은 붉은 깃발의 고구려
군에게만 달려들었다. 이 작전은 대성공이었다. 고구려군은 사기의
말대로 붉은 깃발 부대를 제외하고는 오합지졸이었던 것이다. 사기의
역투항으로 보기 좋게 패한 고국원왕의 고구려는 백제를 공략하기는
커녕 수곡성까지 내주는 험한 꼴을 당하고 고구려로 돌아갔다.

고구려에 투항했던 사기의 정체에 대해선 여러 의견과 혐의만 분분할 뿐, 정확히 알려진 바는 없다.

허둥지둥 고구려로 돌아온 고국원왕은 복수의 칼을 갈기 시작했다. 우습게 여긴 근구수에게 당하다니. 더욱이 고구려로 투항했다 다시 백제로 돌아간 쥐새끼 같은 자가 다 된 밥에 재를 뿌렸다고 생각하니 분해서 잠도 못 이룰 지경이었다. 그날부터 고국원왕은 군사들을 다시 훈련시키고 전열을 정비했다.

그리고 2년 후인 371년, 고구려의 고국원왕은 근초고왕의 백제를 다시 침공하였다. 그러나 고구려에 심어 둔 첩자와 척후병들에게 이미 침공 보고를 받은 근초고왕은 대동강 근처에 군사를 매복시켜 놓은 상태였다.

'고국원왕이여, 어서 오시오. 내 반가이 맞아 주리다.'

근초고왕의 백제군은 치밀했고 여유가 넘쳤다. 기세등등 백제로 진격하던 고국원왕의 군대는 매복하고 있던 백제 군사들의 기습 공격에 놀라 자빠졌다. 아뿔싸! 한시바삐 백제군의 코를 납작하게 눌러 줄 생각에 미처 꼼꼼히 살피지도 않고 국경을 넘다니. 고구려군은 전열도 정비하지 못한 채 꽁지 빠지게 고구려로 도망가는 신세가 되었다.

고국원왕은 기가 막혔다. 하늘을 봐도 눈물이 나고 땅을 봐도 눈물이 날 지경이었다. 아버지 미천왕 아래서 충실히 왕의 수업을 받고 전쟁 기술도 충실히 익혔건만⋯⋯. 고국원왕 사유는 분노와 좌절감에 자꾸 어깨가 처졌다.

'그래도 일어나야 한다. 난 미천왕의 아들이다. 선왕의 업적을 이어나가야 한다. 그게 고구려의 왕 된 자의 도리가 아니던가!'

고국원왕은 마음을 다잡고 다시 재기를 준비했다. 그러나 근초고왕이 누구인가. 삼국시대의 '3대 정복군주'로 꼽히는, 백제의 전성기를 이끈 정복왕이 아니던가. 근초고왕은 승리의 기세를 타고 내처 고구려를 침공하기로 마음먹었다. 차근차근 준비를 마친 백제군은 그해 10월 10만 정예군을 이끌고 평양성을 공격했다.

계속된 패배에 군대를 다시 정비할 시간도 없었던 고구려군은 무참히 무너졌다. 더는 물러설 데가 없었던 고국원왕은 백제군을 맞아 장렬히 싸웠지만, 백제군이 쏜 활에 맞아 전사하고 만다. 그렇게 전쟁이 일상이고 운명이던 시기, 고구려의 불운한 왕은 전쟁터에서 목숨을 잃었다.

06

〈단심가〉와 〈춘향전〉의 원조

고구려 안장왕과 백제 여인 한주

이 몸이 죽고 죽어 일백 번 고쳐 죽어

백골이 진토되어 넋이라도 있고 없고

임 향한 일편단심 가실 줄이 있으랴

정몽주의 〈단심가丹心歌〉이다. 그런데 놀랍게도 이 〈단심가〉가 정몽주가 지은 것이 아닐 수도 있다는 이야기가 있다. 단재 신채호는 《조선상고사》에서, 〈단심가〉는 고려 충신 정몽주가 지은 것이 아니라 '한주'라는 백제 여인이 지었다고 했다. 이 여인이 고구려 안장왕과 나눈 아름답고 극적인 사랑의 결실이 이 시라는 것이다. 이 이야기는 비단 《조선상고사》뿐 아니라 《삼국사기》 〈지리편〉, 《세종실록지리지》,

《신증동국여지승람》 등에도 실려 있다.

백제 여염집 담을 넘은 고구려 태자

고구려 제21대 문자명왕(재위 492~519) 시절, 백제는 무령왕이 신라는 법흥왕이 다스리고 있었고, 중국 대륙은 북위와 양이 겨루던 남북조시대 말기였다.

오늘날의 행주산성과 오두산성 일대는 전략적 요충지로서 백제의 영토였다. 백제에서는 이곳을 '개백현'이라고 불렀다. 처음 이곳은 백제의 땅이었으나, 후일에 고구려 장수왕이 남침하여 백제의 세력을 한강 유역에서 몰아내고 고구려 땅으로 만들었다. 그러나 그 후 백제가 신라와 나제동맹을 체결하여 고구려를 몰아내니, 장수왕의 손자인 문자명왕은 잃어버린 영토를 다시 탈환하려 했지만 그것이 그리 쉬운 일이 아니었다.

문자명왕의 아들이자 고구려의 태자인 흥안興安은 개백현 일대의 정보를 수집하고자 상인으로 변장하여 계백현에 숨어들었다. 흥안이 이곳저곳 둘러보며 지리와 군사들의 움직임을 살피고 있는데, 그 모습을 수상히 여긴 백제 군사들이 흥안을 불러 세웠다.

신분이 발각될까 두려워진 흥안은 재빨리 도망치기 시작했다. 여기서 잡히면 끝이다! 흥안은 죽을힘을 다해 뛰었지만 막다른 골목에 이르고 말았다. 백제 군사들도 곧 골목으로 접어들 터. 이것저것 생각할

겨를도 없이 홍안은 바로 옆 담을 넘었다.

홍안이 담을 넘어 들어간 집은 공교롭게도 호족 한씨의 집이었고, 한씨의 딸이 바로 한주였다. 한주는 그 일대에 소문이 자자한 미색美色 중의 미색이었다.

담을 넘은 홍안은 나무 밑에 바짝 엎드려 가쁜 숨을 애써 참았다. 홍안을 놓친 군사들이 곧 주변 집들을 수색할 것이었다. 그때 마침 한주가 마당으로 나왔다. 무슨 소리라도 들은 것인가. 한주는 마당을 천천히 거닐다가 홍안을 발견하곤 깜짝 놀랐다. 초라한 상인의 행색이었지만 그 용모가 심상치 않았다. 곧이어 백제 군사들의 소란스런 목소리가 담 넘어 들려왔다. 무슨 사연이 있음을 직감한 한주는, 우선 홍안을 은밀한 곳으로 데려가 숨겨 주었다.

그 뒤로 한주는 사람들 몰래 홍안에게 먹을 것을 가져다주었고, 자연스럽게 이런저런 이야기를 나누면서 홍안이 범상치 않은 인물임을 확신했다. 홍안은 홍안대로 매일 눈만 뜨면 이제나저제나 한주가 오기만을 기다렸다. 그러면서 둘 사이엔 자연스레 사랑이 싹텄다.

홍안은 한주에게 푹 빠져 나중에 꼭 이 여인과 결혼하리라 마음먹었다. 한주도 홍안과 있는 시간이 너무 좋아 낮밤으로 그를 찾다가 어느덧 만리장성까지 쌓게 된다.

"반드시 돌아와 데려가겠소"

'한주를 고구려로 데려가야 한다. 그러려면 어서 이곳을 빠져나가 고구려로 돌아가야 한다.'

한주를 진심으로 사랑하게 된 흥안은 한주에게 자신의 신분을 고백하기로 했다.

"나는 사실 고구려의 흥안 태자라오."

한주도 그가 예사 사람이 아닐 거라고 짐작했으나 태자라는 고백에 깜짝 놀랐다. 내가 사랑하는 사람이 고구려 태자란 말인가…….

"이제 밖의 상황이 조용해진 것 같으니 나는 내 나라도 돌아가야 할 것 같소."

이 말을 들은 한주의 눈엔 눈물이 그렁그렁했다.

"울지 마오. 나는 그대를 너무 사랑하게 되었소. 내가 약속하리다. 그대가 기다려만 준다면 내 반드시 돌아와 그대를 데려갈 것이오. 고구려에서 그대와 정식으로 혼인하고 싶소. 고구려의 왕후가 되어 주겠소?"

한주는 망설일 이유가 없었다.

"당신이 높은 신분일 거라고 짐작은 했지만, 고구려의 태자일 줄은 꿈에도 생각지 못했습니다. 당신이 어떤 나라 사람이건, 어떤 신분이건 그것은 저에게 중요하지 않습니다. 저는 기다릴 겁니다. 당신의 약속을 믿고 어떤 시련이 닥쳐도 당신을 기다리겠습니다."

두 사람은 눈물을 흘리며 끌어안았다. 무슨 일이 있어도 이 여인을

놓치지 않으리라. 그것은 한주에게, 또 자기 자신에게 하는 굳은 다짐
이었다.

이윽고 깊은 밤이 되었다. 흥안은 다시 한 번 사랑의 맹세를 나누고
어둠 속으로 사라졌다. 그리고 얼마 후 한주는 고구려 왕이 새로 즉위
했다는 소문을 들었다. 고구려의 새로운 왕, 안장왕安藏王이 바로 흥안
이었다.

한주는 매일같이 흥안이 자신을 데리러 오는 꿈을 꾸었다. 다시 만
날 것을 한순간도 믿어 의심치 않았다. '꼭 오실 거야. 꼭!'

흥안도 한주와의 약속을 지키려고 여러 차례 군사를 내어 백제를
공격했다. 그러나 그 공격은 번번이 실패했다. 백제와 고구려, 서로
떨어져 그리워하는 연인들의 마음은 새까맣게 타들어 갔다.

못된 태수의 손에서 내 연인을 구해 올 자

그러던 어느 날, 개백현에 새로운 태수가 부임했다. 그는 포악한 데
다 탐욕스럽기 그지없는 사람이었다. 부임하자마자 세와 부역을 배로
부과하니 계백현 백성들의 원성이 날로 높아만 갔다. 게다가 태수는
미색까지 밝히는 호색한이었다.

얼마 후 태수는 개백현에 아름다운 여인이 있다는 이야기를 들었
다. 이 궁벽한 곳에 미인이라! 태수는 참지 못하고 몰래 호족 한씨의
집을 찾았다. 오호라! 마당을 지나는 한주를 본 태수는 눈동자가 커졌

다. 태어나서 처음 보는 기품 있는 아름다움에 넋이 나갈 정도였다.

아직 혼인 전의 태수에게 이만 한 신붓감이 없었다. 그래서 당장 호족 한씨에게 청혼을 넣었는데, 이게 웬일인가. 한주에게는 이미 정혼한 사람이 있다고 했다. 태수가 그 상대가 누구냐고 물었으나, 이렇다 할 답변이 없었다. 거듭된 거절에 화가 난 태수는 누명을 씌워 한주를 잡아들였다.

결국 한주는 옥에 갇히는 신세가 되었다. 그렇게 며칠을 두고 보던 태수가 옥을 찾았다.

"그래, 이제 좀 정신이 드느냐? 네가 나와 혼인하겠다고 하면 당장 풀어 줄 수 있느니라. 혼인만 하면 세상의 호강이란 호강은 다 시켜 줄 것이다."

"다 필요 없소. 내게는 혼인하기로 한 사람이 있으니 어서 나를 내보내 주시오."

태수는 불같이 화를 내며 매질을 하게 시켰다. 그리고 가두고 매질하기를 반복했지만, 한주의 마음은 변하지 않았다.

애가 타기는 고구려의 안장왕도 마찬가지였다. 안장왕은 단 하루도 한주를 잊은 적이 없었다. 더욱이 한주가 자기 때문에 고초를 당하고 있다는 소식을 듣고는 더 안절부절못했다. 애가 탄 안장왕은 개백현을 되찾고 한주를 구출해 오는 장수에게 천금의 상과 높은 벼슬을 내리겠노라고 선언했다. 그러나 쉽사리 나서는 사람이 없었다.

안장왕 홍안에게는 안학安鶴이라는 누이가 있었는데, 장수 을밀乙密이 안학공주를 마음속으로 사모하고 있었다. 을밀은 임금의 이야기를 들고 안장왕 앞으로 나아가 자기가 개백현을 회복하고 한주를 구해 올 터이니 안학공주와 결혼시켜 달라고 청하였다. 을밀은 고국천왕 때의 명재상 을파소의 후손이었다.

안장왕은 이를 허락했다.

왕의 허락를 받은 을밀은, 바로 그날 밤 20명의 용감한 병사들과 함께 옷 속에 무기를 감추고 광대놀이를 하는 무객으로 변장한 후 개백현에 잠입하였다.

연인도 구하고 옛 땅도 되찾고

계백현 태수의 생일이 다가왔다. 태수는 다시 한 번 한주에게 물었다.

"나랑 혼인하겠느냐, 아니면 죽겠느냐? 다가오는 내 생일 잔치에 죽느냐 사느냐는 네게 달렸다."

그러자 한주가 시를 읊었다.

이 몸이 죽고 죽어 일백 번 고쳐 죽어
백골이 진토되어 넋이라도 있든 없든
님 향한 일편단심이야 가실 줄이 있으랴.

이 시를 들은 태수는 화가 머리끝까지 나서 소리쳤다.

"뭣이라! 그래, 그 님이 대체 누구냐?"

"……."

한주가 대답을 하지 못하자,

"대답을 못하는 것을 보니 필시 그자는 적의 첩자일 터. 적의 첩자와 내통을 했으니 너는 죽어 마땅하다!"

태수는 자신의 생일날 죽이겠다며 한주를 옥에 가두라고 명했다.

조금만 겁주면 자신의 사람이 될 줄 알았다. 한주의 마음을 가져간 자가 대체 누구길래 저리 흔들림 없이 일편단심일 수 있는지……. 이제는 한주가 원망스럽고, 그럴수록 더더욱 내 사람으로 만들고 싶었다.

며칠 뒤, 드디어 태수의 생일날이 되었다. 태수는 흥이 올라 술을 잔뜩 마시고는 한주를 불러내었다.

"마지막으로 묻겠다. 나랑 혼인하겠느냐 죽겠느냐?"

"소인에게는 혼인을 약속한 정인이 있으니 차라리 죽겠소."

이제 연모하는 마음은 더할 수 없는 미움으로 바뀌었다.

"당장 저년을 죽여라!"

그때였다. 갑자기 사방에서 큰 함성이 울리더니 수십 명의 군사가 창검을 들고 잔치판에 뛰어들어 순식간에 태수의 부하들을 제압하는 것이 아닌가. 무객으로 가장한 채 잠입해 있던 을밀과 그의 부하들이었다. 을밀 등은 몸속에 감추고 있던 무기를 꺼내 들고 일제히 뛰쳐나와 고구려 대군이 이미 이곳에 쳐들어 왔다고 큰 소리로 외쳤다. 백제의 군졸들은 넋이 나가 도망치기에 바빴다.

이 틈을 타고 무사히 한주를 구해 낸 을밀이 말했다.

"지금 대왕께서 저 강 건너에서 기다리고 계십니다. 봉화를 올리면 군사를 휘몰아 이내 강을 건너오실 것입니다."

한주는 침착하게 을밀과 그의 부하들을 고봉산으로 안내하여 봉화를 올리게 했다. 대군을 거느리고 강 건너편에서 대기하고 있던 안장왕은, 그 봉화를 보자 이내 강을 건너 질풍노도처럼 개백현을 휩쓸고 마침내 고구려의 옛 땅을 되찾았다.

마침내 안장왕 흥안과 한주가 만나 손을 맞잡았다. 한주는 벅찬 기쁨에 눈을 흘렸다. 안장왕은 약속대로 한주를 고구려로 데리고 가 왕후로 삼았고, 을밀乙密 역시 왕의 누이동생 안학安鶴과 결혼하였다.

평양의 유명한 '을밀대乙密臺'와 고구려의 성이었다는 '안학궁安鶴宮'의 한자가 을밀과 안학공주의 한자와 동일한 것은 무슨 연유일까. 안장왕

현판 글자가 선명한 을밀대乙密臺. 을밀대는 평양 기림리(현재 평양특별시 중구역 경상동)에 있는 고구려시대의 누정이다.

이 531년 재위 13년 5월에 후사 없이 죽고, 얼마 지나지 않아 왕후도 죽었다고 하니 두 사람은 한시도 떨어져 살 수 없는 사이였나 보다. 둘의 이야기는 구전되다가 〈춘향전〉의 모티브가 되었을 가능성이 높다.

《삼국사기》에는 '한씨 미녀가 달을성현의 높은 곳에 올라 봉화를 올려 안장왕을 맞았다. 그 후 그 이름을 고봉高烽으로 했으며, 백제 땅 개백현(지금의 행주산성)의 이름을 왕을 맞이했다 하여 왕봉王逢으로 바꾸었다'고 기록되어 있다.

그런데 498년에 태자로 책봉된 흥안이 519년 아버지인 제21대 문자명왕이 죽고 즉위하였다고 하고 고구려가 백제와 싸워 이긴 해가 529년이니, 그렇다면 한주가 흥안을 기다린 세월이 무려 10년이란 말인가. 문자왕과 안장왕의 정확한 나이는 알 수 없으나, 두 사람 모두 분명 적지 않은 나이였으리라.

07

기필코 내 아들을 왕으로!

고구려 안원왕과 세 명의 왕비

　고구려 제23대 안원왕에게 세 명의 왕비가 있었다. 첫 왕비는 아들을 낳지 못했고, 둘째 왕비와 셋째 왕비는 아들을 낳았다. 첫째 왕비가 아들이 있었으면 당연히 그 아들이 왕위를 잇겠지만, 그러지 못했으니 둘째와 셋째 왕비는 서로 안원왕이 자신의 아들을 태자로 세워 주기를 바랐다.

　그런데 안원왕이 갑자기 중병이 들어 병석에 누웠다. 그러자 둘째 왕비와 셋째 왕비가 후계자 자리를 놓고 다툼을 벌이기 시작했다. 아직 태자가 책봉되지 않은 상태였으니 둘의 암투는 상상을 초월할 정도였다.

　대신들과 귀족 세력도 절반으로 나뉘어, 둘째 왕비를 지지하는 파

('추군擁群')와 셋째 왕비를 지지하는 파('세군細群')로 갈리었다. 두 세력이 서로 팽팽하게 견제하니 좀처럼 결론이 나지 않았다. 이 문제로 온 고구려 사회가 동요했다.

후계 결정권은 첫째 왕비의 손에

결국 후계 결정권은 왕자를 낳지 못한, 왕이 병석에 누운 상황에서 왕실의 가장 큰 어른인 첫째 왕비의 손으로 넘겨졌다. 첫째 왕비에게 판단을 청하고 그에 따르자는 중재안이 나와 그렇게 하기로 합의한 것이다. 아들을 낳지 못한 죄로 여태껏 고개를 들지 못하고 지내던 첫째 왕비에게 일생일대의 볕이 든 순간이었다.

그러나 막강한 만큼 나라의 운명을 좌우할 수도 있는 위험한 권력이었다. 첫째 왕비는 고민에 빠졌다. 둘째 왕비와 셋째 왕비 세력도 첫째 왕비의 눈에 들기 위해 마지막 총력전을 펼쳤다. 때마침 첫째 왕비의 생일이 다가오고 있었다. 그러자 이제 온 조정이 첫째 왕비의 생일잔치 문제로 시끄러워졌다. 왕이 중병으로 누워 계시는데 무슨 생일잔치냐는 의견과, 그래도 왕실의 최고 어른인데 그냥 넘어갈 수 없다는 의견이 팽팽히 맞섰다. 양측의 격론이 싸움으로 번질 기미가 보이자 국상이 나서서, 생일잔치는 하되 규모를 줄여 조촐히 하자는 중재안을 내놓았다.

첫째 왕비는 내색은 안 해도 생일잔치가 축소된 것이 내심 서운했

덕흥리 고분벽화 〈묘주부부출행도墓主夫婦出行圖〉 중 부인용 우차.

다. 드디어 첫째 왕비의 생일날, 조촐한 생일잔치가 열렸다. 조용히 잔치를 치르자는 의견대로 셋째 왕비는 특별한 선물을 마련하지 않았다. 그런데 둘째 왕비가 첫째 왕비에게 귀한 보물을 선물로 바치는 것이 아닌가! 셋째 왕비는 뒤늦게 후회했지만 어쩔 수 없었다.

이 선물의 효과였을까. 첫째 왕비는 둘째 왕비의 손을 들어 주었다. 자신에게는 아들이 없으니 둘째 왕비의 아들을 대를 이을 장자로 삼겠다는 것이었다.

고구려의 몰락을 촉진한 처절한 싸움

셋째 왕비파인 세군파가 격렬히 반발하고 나섰다. 첫째 왕비가 뇌물을 받고 둘째 왕비의 아들을 태자로 지명했으니 이 결정은 무효라는 것이었다. 이제껏 눈치를 보며 기 싸움을 벌이던 두 세력의 갈등이 폭발하는 순간이었다.

세군파가 군사들을 이끌고 안학궁 성문으로 몰려왔고, 추군파 또한 안학궁에 군사를 집결시켰다. 여기서 이기는 자가 정권을 잡는, 어느 쪽이든 결코 물러설 수 없는 전투였다.

싸움은 3일간 계속되었다. 서로 무참히 베고 찌르고 쏘는 처절한 전투는 결국 둘째 왕비의 승리로 돌아갔다. 기록에 따르면, 패배한 세군파에서만 2천 명이 목숨을 잃었다고 한다. 이 와중에 안원왕이 승하하고, 이제 겨우 여덟 살의 왕자가 이듬해 즉위하니 이 왕이 양원왕이다.

그러나 양원왕 즉위 후에도 온 나라가 두 파로 나뉘어 싸움을 계속했다. 비록 나중에는 진압됐지만, 그 여파가 몇 년간이나 지속되었다. 《삼국사기》〈열전〉 '거칠부' 편에 551년(양원왕 7) 거칠부를 만난 고구려의 고승 혜량惠亮이 나라에 정란이 있어 멸망이 멀지 않다고 한 것을 보면, 그때까지도 양측의 분쟁이 지속되었음을 알 수 있다. 고구려는 강성했던 고대 왕국은 이렇게 힘을 잃어 갔다.

08

5백으로 4만을 물리친 고구려판 '300'

고구려 '영류왕' 고건무

"장군, 큰일 났습니다. 패수에 수나라 군대가 나타났다고 합니다!"

고구려 수도 평양성(장안성)을 지키고 있던 장수 고건무高建武는 자못 놀랐다. 수나라가 수군까지 보낼 줄은 몰랐기 때문이다. 패수는 지금 의 대동강이다.

"그래 그 수는 몇이고 장수는 누구이더냐?"

"래호아 장군이며, 6만은 족히 된다 하옵니다."

수나라의 보급로를 끊어라!

고구려 영양왕 23년(612) 여름, 수나라의 113만 대군이 고구려로 밀려들었다. 이때 수양제가 조서에서 밝힌 고구려 침공 이유는 다음과 같다.

첫째, 고구려는 보잘것없는 나라인 주제에 불손하기까지 않다.

둘째, 수나라의 말을 듣지 않을뿐더러 조회에도 참가하지 않는다.

셋째, 고구려가 수나라에서 도망간 역도들을 받아들이고 수의 변경을 불안하게 한다.

넷째, 요서를 공격했다.

다섯째, 다른 나라가 수나라에 조공 드는 것을 방해한다.

여섯째, 고구려의 법령이 가혹하고 지도자가 부패하다.

581년 양견이 건국한 수나라는, 589년 남조의 진나라를 멸망시키고 중국을 통일하였다. 시황제의 진나라, 유방의 한나라에 이은 중국 역사상 세 번째 통일왕조였다. 이때 고구려의 왕이 제26대 영양왕이다. 영양왕은 즉위 직후 몇 년간은 수나라와 잘 지냈다. 그러나 598년 고구려가 요서 지방을 공격하면서 짧은 평화는 끝났다. 수문제 양견은 그해 6월 30만 명의 군대를 이끌고 고구려로 쳐들어왔으나 고구려군에 크게 패하고 돌아갔다. 612년 수의 침공은 이 14년 전의 패배에 대한 복수전이었다.

아버지와 형을 죽이고 즉위한 수양제는 이번에는 반드시 고구려를 굴복시키겠노라 다짐하며 무려 113만 명의 대군을 동원했다. 그러나 고구려군의 격렬한 저항으로 간신히 요하(만주의 랴오허 강)를 건넌 수나라군은 30만 명의 별동대를 꾸려 을지문덕이 지키는 요동성을 공격하는 한편, 6만의 수군으로 하여금 고구려의 수도인 평양으로 진격하게 했다. 수나라 좌익위대장군 래호아來護兒가 이끄는 수군은 별동대에게 군수품을 공급해 주며 함께 평양성을 공격하는 임무를 띠고 있었다.

평양성 방어를 책임진 고건무로서는 래호아의 수군을 신속히 물리쳐 그들이 별동대와 만나지 못하게 해야 했다. 을지문덕 장군이 식량 등 적의 군수물자를 모두 소진시켜 적을 지치게 하는 청야전술淸野戰術로 버티고 있는 이때, 6만의 적군이 고구려 도성을 공격하고 수나라군에 식량을 공급한다면 모든 것이 수포로 돌아갈 가능성이 컸다.

'반드시 고구려 도성을 사수해야 한다. 그렇지 않으면 이 전쟁은 고구려가 패한다. 이 성에서 죽는 한이 있어도 이 성을 지켜야 한다!'

욕심에 눈먼 수나라 장군

그러나 도성의 고구려군은 대부분 요동성으로 떠난 터라 평양성에 남아 있는 병사는 500이 족히 안 되었다. 500의 군사로 6만을 이겨야 한다. 이 불가능할 것 같은 전투를 앞두고 고건무 장군은 결연한 눈빛으로 두 주먹을 쥐었다.

이때 수나라 우중문 장군이 이끄는 30만 별동대는 고구려군의 게릴라전술에 고전하며 평양성에서 30리(약 12킬로미터) 떨어진 지점까지 진군한 상태였다. 이들을 을지문덕이 살수(천청강)으로 유인하고 있었다.

수나라군 지휘관 래호아는 일단 고구려 도성에서 멀지 않은 대동강 앞에 군대를 주둔시키고, 부총관 주법상과 전술을 논의하였다.

"지금 별동대 30만이 이곳으로 오는 중입니다. 별동대와 합세하여 고구려 도성을 함락시키는게 좋을 듯싶습니다."

주법상이 간언하였다. 래호아 역시 그것이 최상책이라고 여겼다. 그러나 고구려 도성에 군사도 별로 없어 보이는데 굳이 별동대를 기다렸다가 모든 공이 우중문于仲文 장군에게 간다면?

"아니네. 척후병의 보고에 따르면, 지금 고구려 도성에는 군사가 몇 없다 하네. 지금은 속전속결로 처리하는 게 좋겠어."

주법상은 상관의 판단에 문제가 있다고 생각했지만 그대로 복종했다.

"내가 지금 4만을 이끌고 고구려 도성을 공격하겠네. 자네는 2만의 병사와 함께 별동대를 기다렸다가 우중문 장군의 다음 명을 기다리

덕흥리 고분벽화 〈출행도〉 중 개마무사 무리. '개마무사'는 철기로 무장한 무사이다. 저고리와 바지, 투구 등을 철로 만들어 전투력을 높였다고 한다.

게."

래호아는 4만의 병사를 이끌고 평양성으로 진격했다.

한밤중에 홀연히 나타난 500 철갑 기병대

이 소식은 곧장 평양성의 고건무에게 전해졌다. 그가 이끄는 군사는 500명 남짓. 아무리 철갑으로 무장한 기병들이라고 해도 이들이 4만의 적을 감당하는 것은 무리였다. 건무는 유인작전을 펴기로 했다.

고건무는 500명의 철갑 기병을 불러 모았다. 그리고 결연한 눈빛으로 그들을 바라보았다.

"우리는 대고구려의 아들들이다. 이 땅은 우리에게 삶을 주고 생명을 주었다. 지금 무지한 래호아의 4만 군대가 이곳으로 오고 있다. 우리는 이들과 맞서 우리의 땅 고구려를 지켜야 한다. 죽음이 두려운가? 나는 우리의 고향이 사라지는 것이 두렵다. 오늘 죽음으로 이 땅을 지킬 수 있다면 죽음 따윈 웃음으로 몇 백 번 맞이하겠다. 죽음이 대수인가! 나는 오늘 이 자리를 죽음의 장소로 택했다. 자, 나와 뜻을 같이하겠는가?"

500의 고구려 군사는 의기가 충천하여 우레와 같은 함성을 질렀다.

"여기서 죽자!" "이 성에 내 뼈를 묻겠다!"

그렇지만 고건무는 단 한 명도 죽게 하고 싶지 않았다. 이것이 그들의 목숨을 맡은 자의 소임이 아니겠는가. 고건무에게는 계책이 있었다. 그러나 우선은 말을 아꼈다.

'그래, 승산이 있어. 우리는 고구려 도성을 지켜 낼 것이며, 이길 것이며, 죽지 않을 것이다!'

평양성은 외성, 중성, 내성, 북성의 4개 성으로 되어 있었다. 고건무는 우선 외성 밖에서 래호아의 4만 군대를 기다렸다가 짐짓 패하는 척하며 중성으로 퇴각하기로 했다.

수나라 군대는 손쉽게 외성을 장악하자 한껏 들떴다. 래호아 역시이제 고구려 도성을 장악하는 것은 시간문제라고 생각했다. 자만심에 도취된 래호아는, 날이 저물자 오늘은 외성에서 자고 내일 중성을 차지하자며 병사들을 쉬게 하였다. 수나라 병사들은 외성 이곳저곳에 쓰러져 잠이 들었다.

밤이 깊어지자 고구려의 500 정예 병사들이 은밀히 움직이기 시작했다. 이윽고 고건무가 보내는 신호에 따라 고구려 병사들이 잠자는 수나라 병사들을 덮쳤다. 그야말로 한밤중의 날벼락이었다. 무방비 상태로 곯아떨어졌던 수의 병사들은 이리 뛰다가 죽고, 저리 도망치다가 칼을 맞았다. 칠흑같은 어둠 속 아무것도 보이지 않는 상태에서 우왕좌왕하는 사이에 하나 둘 쓰러져 갔다. 아비규환이었다.

수의 병사들은 서둘러 정신을 차리고 대적해 보려 했지만, 고구려 병사들은 철갑을 착용한 데다 훈련이 잘된 정예병들이었다. 잠에서 깬 래호아는 군대를 버리고 꽁지가 빠져라 성을 빠져나가 줄행랑쳤다.

고건무의 500 정예군이 수나라의 4만을 물리친 것이다. 이로써 수나라의 보급로가 막혀 을지문덕의 청야 전술이 빛을 발하게 되었고,

이어서 우리 역사상 손꼽히는 전투인 살수대첩으로 수나라를 완전히
몰아냈다. 고건무 장군이 바로 영양왕의 동생으로서 왕위에 오르는
제27대 영류왕이다.

8전 8패
불굴의 패배왕

백 제   아 신 왕

"그 이야기 들었어요?"

"무슨 이야기요?"

"관미성이 함락되었대요."

"에이, 설마요. 험한 절벽에 있어 7만 군대가 스무 날 동안 공격해도 무너지지 않던 성이?"

391년 10월, 백제의 전략적 요충지 관미성이 함락당했다. 상대는 고구려의 광개토왕이었다. 광개토왕은 수륙양병책, 즉 바닷길과 육로로 동시에 군사들을 보내어 공격하는 병법으로 관미성을 함락시켰다.

아버지의 원수인 삼촌을 죽이고

고구려군의 작전이 얼마나 빈틈이 없었던지, 백제의 제16대 진사왕은 힘 한 번 제대로 써 보지도 못한 채 당할 수밖에 없었다. 391년 광개토왕이 즉위하기 전 진사왕은 289년과 390년에 두 차례나 고구려를 공격하여 도곤성을 함락시키고 200여 명의 포로까지 잡아오는 승리를 거두었다. 그러나 희대의 영웅 광개토왕이 즉위하자마자 전세는 완전히 뒤집혔다. 18세의 어린 왕에게 백제는 납작 엎드렸다.

진사왕은 광개토왕이 더 이상 공격하지 않기를 바랄 뿐이었다. 그러나 진사왕의 조카 아신阿莘의 생각은 달랐다.

백제 최고의 정복왕 근초고왕의 아들인 근구수왕에게는 아들이 둘 있었다. 첫째가 침류왕(제15대), 둘째가 진사왕(제16대)이다. 침류왕이 즉위 후 1년여 만에 아직 어린 아들 아신을 남기고 죽자, 근구수왕의 둘째 아들이자 아신의 삼촌인 진사왕이 왕위에 오른 것이다.

아신은 어린 나이에도 삼촌이 아버지를 죽이고 왕위에 올랐다고 생각했다.

'저 자리는 내 것이다. 내가 백제의 왕이다.'

이런 생각을 늘 가슴속에 품고 있었다. 그러나 그는 아직 어리고 미약하였다. 아신은 때를 기다렸다. 그런데 391년 광개토왕에게 관미성을 빼앗기자 더 이상 참을 수가 없었다. 담덕(광개토대왕) 또한 18세의 나이가 아닌가. 아신은 자신을 돌아보며 더 이상 나약하게 살지 않겠노라 다짐하였다.

'더 이상 백제가 고구려에 유린당하는 것을, 아버지를 죽인 삼촌을 그냥 두고 보지 않겠다.'

아신은 재빨리 움직여 이듬해 11월 구원에서 사냥하고 행궁하는 삼촌을 죽이고 즉위하니 그가 백제의 17대 아신왕이다. 광개토대왕릉비를 보면 신묘년(391)에 왜가 백제와 신라를 공격하여 신하로 삼으려 했다는 내용이 있다. 이를 근거로 아신왕이 왜의 힘을 빌려 왕위에 올랐다는 설도 있으나 확실치 않다.

광개토왕, 넘을 수 없는 벽

《삼국사기》를 보면 아신왕이 태어날 때 신비스런 빛이 백제 한성을 감쌌다고 한다. 범상한 인물에게는 이런 표현을 쓰지 않는다는 점으로 미루어 볼 때 이 신도 보통 인물은 아니었음을 알 수 있다.

392년, 19세의 고구려 광개토왕과 20대 초반의 백제 아신왕이 팽팽히 맞섰다.

아신왕은 즉위하자마자 제일 먼저 백제의 시조 동명왕 묘를 참배하고 천지에 제사를 지냈다. 자신이 계승한 백제 왕권의 정통성을 알리고 신성함을 과시하기 위함이었다. 그런 후 아신왕은 곧장 관미성 회복에 나섰다.

393년 8월, 지략이 뛰어나고 용맹한 외삼촌 진무에게 1만 군사를 내주며 관미성 탈환 임무를 맡겼다.

"관미성은 우리나라 북쪽 변경에 자리 잡은 요새 중의 요새였소. 그런 곳을 고구려에 빼앗겨 과인은 잠을 이룰 수 없을 정도로 너무도 애통하고 분통하오. 그대는 반드시 관미성을 빼앗아 치욕을 갚아야 할 것이오."

진무는 나름 선전하여 관미성을 포위하는 데 성공했지만, 고구려군이 군량 보급로를 차단하는 바람에 퇴각하고 말았다. 아신왕은 조금만 더하면 광개토왕을 쓰러뜨릴 수 있을 것 같았다. 그래서 394년 7월, 군대를 다시 전열하고 고구려의 남쪽 변방에 있는 수곡성을 공격하였다. 하지만 이번에도 고구려의 5천 병력에 밀려 쫓겨 오고 말았다.

아신왕은 395년 8월, 다시 진무에게 고구려 공격을 명한다. 이에 분노한 광개토왕이 직접 기병 7천을 이끌고 와 백제군 8천 명을 죽였다.

같은 해 11월, 아신왕은 복수한다며 직접 7천의 병사를 이끌고 청목령으로 진격해 나갔다. 그러나 추운 겨울 날씨에 큰 눈까지 내려 동사하는 병사들이 속출하자, 칼 한 번 빼 보지 못한 채 그냥 돌아올 수밖에 없었다.

2년 뒤인 396년, 광개토왕은 자꾸 침

장수왕이 414년 아버지 광개토왕의 업적을 기려 세운 광개토왕비. 만주 지안현 통구에 있는 이 비석의 비문 내용은 여전히 많은 논란거리를 안고 있다.

략해 오는 백제에 화가 나 직접 군사를 이끌고 백제의 수도 한성을 함락시켰다. 아신왕은 눈물을 삼키며 남녀 천 명과 세포 천 필을 헌납하고, 자신의 형제와 신하 10여 명을 볼모로 바치고도 58성 1400촌을 빼앗기고, 광개토왕 앞에서 무릎을 꿇고 "지금부터 영원히 노객(신하)이 되겠습니다"라고 외쳐야 했다.

"한 번만, 단 한 번만…"

이쯤 되면 물러설 만도 하건만, 아신왕은 아니었다. 누가 봐도 아신왕은 광개토왕의 상대가 못 되었지만, 아신왕의 생각은 달랐다. '한번 해볼 만한 싸움이다!'

아신왕은 한수 남쪽에서 군대를 정비하며 때를 엿보았다. 그리고 398년 8월 또다시 고구려 정벌에 나서 한산 북쪽에 이르렀는데, 밤에 큰 별이 병영 안에 떨어졌다. 모두 심히 불길한 조짐이라며 몸을 떨었다. 아신왕도 하늘이 백제의 편이 아니라고 여겨 발걸음을 돌렸다.

이듬해인 399년, 아신왕은 또다시 고구려 정벌군을 징집했다. 이제 백제 백성들은 더는 백제에 살 수 없다며 신라며 왜로 도망가기에 이르렀다. 이때 많은 인구가 빠져나가 백제의 국력은 더 약해졌다.

아신왕은 생각했다. '백제의 힘만으로는 고구려를 칠 수 없겠구나. 그러나 왜와 손을 잡는다면?'

아신왕은 아들 전지腆支를 왜에 볼모로 보내고, 왕인과 아직기 등을 파견해 선진 문화를 전파해 주는 등 왜와 우호 관계를 맺고자 다방면으로 노력했다. 그리고 다른 한편으로는 고구려를 직접 공격하느니 당시 고구려와 긴밀한 관계를 맺고 있던 신라를 공격하는 전략으로 선회한다. 같은 해(399) 가야의 신라 공격은 이러한 노력의 결과였다. 여기에 왜까지 합세하여 1만의 군사를 보냈다. 가야군과 울산 일대에 상륙해 합류한 왜군이 신라의 수도인 서라벌까지 진격하여, 신라는 거의 멸망 직전까지 갔다.

다급해진 신라의 내물왕은 급히 고구려로 사신을 보냈다. 이듬해인 400년, 광개토왕은 기병 5만을 보내 가야와 왜를 거의 전멸시켰다. 이 일을 계기로 금관가야가 거의 망하다시피하여 가야연맹의 맹주가 대가야로 바뀌었고, 신라는 고구려의 속국이 되어 왕이 직접 고구려에 조공을 올리는 처지가 되었다.

정말 이쯤 되면 물러서는 게 합당하지만, 아신왕은 무슨 수를 써서라도 고구려를 이겨 보고 싶었다. 더 정확히 말하면, 광개토왕 담덕을.

404년 아신왕은 다시 왜를 이용해 고구려를 공격한다. 광개토왕의 군사작전을 면밀히 연구한 끝에 광개토왕이 관미성전투에서 썼던 수륙양병책을 따라하여 수군과 육군으로 황해도 석성을 빼앗는 성과를 올린다. 아신왕은 이 기세를 몰아 평양까지 진격하지만, 뒤늦게 사태를 파악한 광개토왕이 직접 군사를 이끌고 와 백제군은 다시 처참히 패하고 만다. 북벌하기도 바쁜 광개토왕에게 아신왕은 정말 귀찮은 존재였을 것이다.

그런데 이듬해인 405년 9월, 아신왕은 세상을 떠난다. 《삼국사기》

에 '봄 3월, 흰 기운이 왕궁 서쪽에서 일어났는데 마치 비단을 펼쳐 놓은 것 같았다. 9월 왕이 붕어하셨다'고 되어 있다.

아신왕은 죽으면서도 "어찌나 대단한지 한 번을 이길 수 없네."라고 한탄했다는 야사가 있을 정도로 끈질긴 불굴의 패배왕이었다. 그렇게 이기고 싶었던 광개토왕을 한 번도 꺾지 못했으니 화병이 났을지도 모르겠다.

바둑에 빠져 나라를 망치다

백 제 개 로 왕

서기 475년 9월 어느 날, 백제의 제21대 개로왕蓋鹵王은 한
성이 곧 함락될 것임을 직감했다.

고구려의 침공에 대비하고 대비했건만, 그런 자에게 속다니…….
중의 모습을 하고 음흉한 간계를 쓰다니. 내가 어리석었다. 왕의 눈에
서 뜨거운 눈물이 흘러내렸다.

함락 직전의 성에 홀로 남겨진 백제 왕

개로왕은 태자 문주文周를 불렀다.

"내가 어리석고 총명하지 못하여, 간사한 사람의 말을 믿다가 이렇게 되었다. 백성들은 쇠잔하고 군대는 약하니 누가 기꺼이 나를 위하여 힘써 싸우려 하겠느냐?"

말을 잇는 왕의 목소리가 떨렸다.

"나는 당연히 나라를 위해 죽어야 하지만, 네가 여기에서 함께 죽는 것은 유익할 것이 없다. 너는 난리를 피하여 목숨을 보전하고 나라의 왕통을 잇도록 하라."

태자의 눈에도 눈물이 고였다.

"아버님, 약한 말씀 하지 마시옵소서. 아버님께서 안 계시면 이 나라 백성은 누굴 믿고 누굴 의지해 살아가겠습니까? 저 또한 자식 된 도리로 아버님 곁을 지키겠습니다."

"어리석은 말 말거라. 너라도 살아야 이 나라가 유지될 수 있다. 어서 가거라. 무예가 능한 목협만치와 조미걸취가 있으니 그들과 같이 가거라!"

문주는 눈물을 흘리며 개로왕에게 절을 올리고 비장하게 말했다.

"아버님, 제가 신라에 가서 꼭 구원병을 구해 오겠습니다. 부디 몸조심하십시오."

개로왕은 고개를 끄덕였다. 그러나 왕은 알았다. 곧 성이 함락될 것이고, 자신은 죽으리라는 것을.

'그래도 혹시 우리 군이 조금만 더 버텨 준다면…….'

일말의 희망을 떠올리는 개로왕의 얼굴에 희미한 미소가 번졌다.

문주는 개로왕에게 절을 한 후 목협만치木劦滿致와 조미걸취祖彌桀取

를 데리고 서둘러 남쪽으로 향했다.

왕의 얼굴을 알아본 변절자들

고구려군을 상대로 한 백제의 처절한 한성 방어전은 일주일이나 이어졌다. 마침내 성이 함락될 기미가 보이자, 개로왕은 왕비와 왕자들을 데리고 탈출을 시도했다. 모두 변복을 한 뒤 한 사람씩 성을 나가기로 했다. 성을 나가 무조건 서쪽으로 도망쳐 만난 다음 후일을 도모하기로 했다. 이제 개로왕 차례가 되었다.

개로왕은 무술이 뛰어난 근위병들의 호위를 받으며 성을 나섰다. 성은 이제 함락되었다. 개로왕은 두근대는 가슴을 진정시키며 서둘러 성을 빠져나왔다. 격렬한 전투 끝이라 다들 정신이 없었다. 개로왕과 근위병들은 모두 백제의 일반 평민 복장을 하고 있었다. 얼핏 성안으로 밀고 들어온 고구려 병사들이 개로왕을 찾는 목소리가 들리는 듯도 하였다.

개로왕의 심장은 두근대다 못해 터질 것 같았다. 등줄기가 서늘해지며 굵은 땀 한 방울이 등을 타고 내려왔다.

'너무 겁먹지 말자. 나는 백제의 왕이다. 이곳만 빠져나가면 된다. 악착같이 살아서 오늘의 이 굴욕을 되갚아 주면 된다.'

그때 가까이서 또렷이 들려오는 목소리가 있었다.

"개로왕은 찾았는가?"

"아직 찾지 못했습니다. 아무래도 도망친 듯싶습니다."

개로왕은 얼른 고개를 숙였다.

'여기만 벗어나면 된다. 저들은 나의 얼굴을 모른다.'

이내 말발굽 소리가 들리더니 장수 두 명이 나타났다.

"아직 도망치지 못했을 것이니 잘 찾아야 한다."

귀에 익은 목소리였다. 왕은 재빨리 눈을 돌려 그들의 얼굴을 확인했다. 백제의 장수로 변방을 지키다 죄를 짓고 고구려로 도망친 재증걸루와 고이만년이었다!

'내 저것들을……. 배신자들. 내 나중에 저것들의 구족을 멸하리라.'

개로왕의 손이 부들부들 떨렸다. 그때 주변을 살피던 재증걸루의 눈빛이 번쩍였다. 재증걸루는 고이만년을 조용히 불러 귓속말로 뭐라 속삭였다.

재증걸루의 얼굴에 미소가 감돌았다. 재증걸루와 고이만년은 일부러 주변을 수색하는 척하며 서서히 개로왕 일행 쪽으로 다가갔다. 아뿔싸! 개로왕은 도망칠 수도 그렇다고 먼저 싸움을 걸 수도 없었다. 그저 저들이 그냥 지나가기만을 바라고 또 바랐다.

그런데 개로왕 바로 앞까지 온 재증걸루와 고이만년이 말에서 내렸다.

"아이고, 이게 누구신가? 대왕 폐하 아니시옵니까? 그런데 백제의 왕께서 이런 누추한 복장으로 어딜 그리 가시나이까?"

순간 근위병들이 재증걸루에게 달려들려고 했으나, 개로왕은 이미 늦었음을 깨닫고 그들을 말렸다.

"고이만년, 이리 오시게. 폐하께 인사라도 올려야지."

두 사람은 개로왕에게 절을 올렸다. 개로왕은 두려움에 떨며 그들의 절을 받았다. 절을 하고 일어서는 두 사람의 눈빛에는 빈정거림이 역력했다. 왕의 심장이 철렁 내려앉았다.

재증걸루와 고이만년은 백제 왕의 얼굴에 침을 세 번 뱉고, 천연덕스럽게 개로왕을 향해서 왕이 지은 죄목을 읊었다.

"어서 이자를 아차성으로 끌고 가 죽이라!"

아차성으로 개처럼 끌려가며 개로왕은 주먹으로 가슴을 치고 머리칼을 쥐어뜯었다.

'내 어찌 그리도 어리석었단 말인가. 어떻게 그런 자의 꾐에 넘어갔더란 말이냐!'

장수왕을 화나게 하다

광개토대왕이 39세의 젊은 나이에 죽고, 광개토왕의 큰아들 거련巨連이 고구려의 왕이 되었다. 바로 제20대 장수왕이다. 장수왕은 아버지가 이룩한 제국을 굳건히 지키는 것을 넘어 더 넓히고자 했다. 당시 고구려가 북쪽으로 만주 일대를 다 차지한 상황에서, 중국에서는 5호 16국의 혼란기가 끝나고 북쪽의 북위와 남쪽의 송나라가 대립하는 남북조시대가 열렸다. 특히 선비족이 세운 북위北魏는 중국 북부 지방을 호령하는 강국이었다. 장수왕은 수도를 국내성에서 평양성으로 옮기고 남쪽을 압박하는 정책을 취했다. 이른바 장수왕의 '남하정책'이다.

고구려의 남하정책에 백제와 신라는 존립의 위기를 느꼈다. 장수왕은 광개토왕만큼이나 강력한 정복왕이었다. 백제의 개로왕은 장수왕을 견제하고자 북위와 손잡기로 결심하고, 북위에 사신을 보냈다. 그런데 이때 보낸 국서가 문제였다.

조선 성종 때 편찬된 시문선집인 《동문선東文選》에도 명문장이라며 '백제상위주청벌고구려표百濟上魏主請伐高句麗表'라는 제목으로 수록된 국서의 내용은 이러했다.

지금 연璉(장수왕)은 죄가 있어 나라가 어육이 되어 대신과 힘센 귀척들을 마구 죽이기를 서슴지 않으니 죄가 차고 악이 쌓여 백성들은 무너지고 흩어졌습니다. …… 고려(고구려)는 의롭지 못하여 거스르고 속이는 짓이 한두 가지가 아닌데, 겉으로는 번국藩國(제후국)인 척 말을 낮추고 있지만 속으로는 흉악한 재앙과 저돌적인 행위를 품어, 남쪽으로 유씨劉氏(송)와 내통하고 혹은 북쪽으로 연연蠕蠕과 맹약하여 서로 입술과 이처럼 의지하면서 왕법(북위)을 능멸하려 합니다. ……

백제는 고구려와 더불어 근원이 부여에서 나왔으므로 선대先代에는 잘 지냈는데, 그 조부 쇠釗(고국원왕)가 이웃 간의 우호를 저버리고 친히 군사를 이끌고 침략했으므로 선조(근초고왕)께서 군사를 정비하여 번개같이 가 기회를 노려 공격해 화살과 돌이 잠시 부딪히는 동안에 쇠의 머리를 베어 효시하게 되었던 것입니다. 이로부터는 감히 남으로 침범하지 못하였는데 ……

백제 서쪽 국경의 소석산북국小石山北國 바다에서 시체 10여 구를 발견한 사실과 함께 그 시체가 갖추고 있던 의복과 기물器物과 안장과 굴레 등을 들어 위의 사신이 백제로 오던 길에 고려에 의해 살해된 것이라고 주장하고 있습니다. ……

　만일 천자의 인자仁慈와 간절한 긍휼이 멀리라도 미치지 않는 곳이 없다면 급히 사람을 보내어 신의 나라를 구원하여 주십시오. 마땅히 저의 딸을 보내어 후궁에서 청소를 하게 하고, 아울러 자제들을 보내어 마구간에서 말을 먹이게 하겠으며 한 치의 땅이나 한 사람의 필부匹夫라도 감히 저의 것이라 생각하지 않겠습니다.

　참으로 낯 뜨거운 조아림이었다. 한데 이런 굴욕적인 국서를 받아든 북위의 답변이 예상과 달리 뜨뜻미지근했다.

　'사신의 물품은 보니까 우리 것이 아니고, 기다리다 고구려가 좀 약해지면 같이 공격합시다.'

　당시 고구려는 대국이었다. 특히나 광개토대왕과 장수왕 대에는 북위와 남조의 왕조 유송劉宋이 경쟁적으로 장수왕의 직위를 올려 줄 정도였으며, 이 시기에 북위는 장수왕에게 국혼을 청할 정도로 고구려와의 관계 개선에 공을 들이고 있었다. 그런데 고구려와 전쟁을?

　북위를 끌어들여 안전을 보장받으려고 했던 개로왕의 시도는 굴욕만 맛보고 실패로 끝났다. 개로왕도 화가 나 이후로 북위와의 관계를 끊었다. 그런데 이 국서 이야기가 장수왕의 귀에 들어가며 문제가 생겼다. 장수왕은 불같이 화를 냈다. 고국원왕을 들먹인 대목 때문이었다.

　고국원왕은 화살을 맞아 죽었지 효시된 것이 아니었는데, 개로왕은 거짓으로 목이 잘렸다고 왕의 죽음을 비하했다. 선대왕의 죽음을 비웃음거리로 만들다니! 광개토대왕 때 능히 고국원왕의 복수를 할 수 있었음에도 백제 아신왕이 무릎을 꿇고 영원히 신하가 되겠다고 서약하여 간신히 목숨을 건진 주제에 감히 고구려를 능멸하다니! 장수왕은 주먹을 움켜쥐었다.

고구려 첩자인 줄도 모르고

그때 마침 도림道琳이라는 승려가 장수왕을 찾아와 자신이 백제에 첩자로 가 백제의 힘을 약화시키겠다고 했다. 장수왕은 기뻐하며 도림을 백제로 보냈다.

도림은 개로왕이 장기와 바둑을 좋아한다는 소문은 익히 들은 터였다. 바둑을 잘 두었던 도림은 바둑으로 개로왕에게 접근하였다. 개로왕은 도림과 바둑을 두면서 도림의 이야기에 점점 빠져들더니, 마침내 그를 국사로 삼기에 이르렀다. 이때부터 도림은 각종 토목공사를 건의하여 백제의 국력을 낭비하게 만들었다. 백제의 재정은 바닥나고, 백성들의 원성이 하늘을 찔렀다.

'이제 되었다.'

백제시대에 쓰인 화려한 바둑판. 백제가 일본 왕실에 선물한 것을 복원한 것이다. 서울 송파구 한성백제박물관.

도림은 고구려로 돌아가 장수왕에게 이 사실을 보고하였다.

475년 장수왕은 백제의 한성을 공격하여 7일 만에 무너뜨렸고, 개로왕은 아차성으로 끌려가 비참한 최후를 맞았다. 남아 있던 왕의 어머니와 아들들도 모두 죽임을 당했다.

문주 태자가 신라에 달려가 1만 구원병을 거느리고 백제에 당도했을 때에는 이미 모든 상황이 종료된 뒤였다. 아차성 인근을 샅샅이 뒤졌지만, 개로왕의 시신은 찾을 수가 없었다. 백제는 그렇게 한강 유역을 완전히 잃고, 수도를 한성에서 웅진으로 옮겼다.

의자왕의 후손들은
어떻게 되었을까?

의자왕의 증손녀 부여태비

660년 나당연합군의 침략을 받은 백제는 계백 등을 내세워 고군분투했지만 결국 멸망한다. 백제의 마지막 수도였던 사비(부여)의 사비성(부소산성) 옆 낙화암에서 3천 궁녀가 꽃처럼 떨어져 죽었다는 이야기로 백제 역사는 대단원의 막을 내린다. 그러나 떨어져 죽은 궁녀의 수가 3천이 아니라 몇 십 명이었다는 주장이 나올 정도로 백제의 마지막에 대해선 알려진 바가 별로 없다. 무엇보다도, 나라가 망한 뒤의자왕은 어떻게 되었을까?

당으로 끌려간 의자왕의 자손들

660년 소정방蘇定方이 이끄는 당나라의 13만 대군이 황해를 가로질러 기벌포에 상륙했다. 육지에서는 김유신의 5만 신라군이 황산벌에서 계백의 5천 결사대를 몰살했다. 7월 12일 나당연합군은 사비성을 포위했고, 다음 날 의자왕은 웅진성(공주)으로 도망가 반격을 도모했으나 내분이 생겨 사비성이 함락되었다. 8월 2일 의자왕은 태자 부여융과 백제군의 지휘관인 웅진방령의 군대를 거느리고 웅진성에서 나와 항복하였다.

한 달 후인 9월 3일, 의자왕은 태자와 왕자들, 대신들, 1만여 명의 백제 백성들과 함께 당나라로 끌려갔다.

11월 1일, 당나라의 수도 낙양에 도착한 의자왕은 포로 신분으로 당고종 앞에서 문책을 당하고 사면까지 받았다. 그러나 그때 이미 60대 중반을 넘긴 나이였던 의자왕은 시름시름 앓다 죽고 말았다. 길고 험한 여정에 몹시 지쳤을 것이고, 졸지에 망국의 군주가 되었다는 정신적 충격도 컸으리라. 의자왕은 낙양의 북망산에 묻혔다. 이후 태자 부여융이 백제 부흥을 도모했지만, 백제의 땅은 이미 신라에게 넘어간 뒤였다.

중국 산시성 시안 북쪽의 헌릉을 발굴하는 과정에서 발견된 부여태비 묘지 덮개돌의 탁본. 전서체로 '당고괵왕비묘부여지명唐故虢王妃墓扶餘誌銘'(당의 제후 괵왕의 부인 부여태비의 묘비에 새긴 글)이라고 음각돼 있다.

그 다음에 백제의 왕족들은 어떻게 되었을까?

2004년 당나라 도읍이었던 장안('시안西安') 북쪽의 헌릉을 발굴하는 과정에서 부여태비扶餘太妃와 그의 남편 이옹李邕의 묘지석이 발견되었다. 헌릉은 당고조 이연의 능묘이고, 괵왕 이옹은 당고조 이연의 증손자이다. 그리고 부여태비는 의자왕의 아들 부여융이 낳은 부여덕장의 둘째 딸이다.

이 묘지석에 새겨진 글자 831자를 판독한 결과, 의자왕 사후 그 후손들이 어떻게 되었는지 알 수 있게 되었다. 놀라운 점은, 그들은 우리가 생각하듯이 당에서 핍박받지 않았고 오히려 대우받으며 잘살았다는 것이다. 더 흥미로운 것은, 이 묘지석에 담긴 부여태비의 용모와 행적이다.

　　"남국南國 사람의 얼굴처럼 아름다우니 봄날의 숲과 가을 단풍 같았다. 아주 좋은 집에서 살았으나 아침 햇살처럼 조용히 움직여 드러나지 않으니 세상에 드물게 어진 사람이며 덕이 있어 외롭지 않았고 속마음과 겉으로 드러난 모습이 같았다. …… 이옹과 혼인한 후 집안을 일으켰다."

부여태비 남편 '괵왕' 이옹의 화려한 과거

부여태비는 690년 부여융의 아들인 부여덕장의 둘째 딸로 태어났다. 부여융이 의자왕의 태자이니, 부여태비는 부여융의 손녀이고 의자왕에게는 증손녀가 된다. 부여태비는 스물한 살 때인 711년, 당현종의 아버지뻘 되는 황족 이옹과 혼인했다. 비록 망국의 왕족이었지만, 당나라에서 황족과 결혼할 만큼 과거의 신분을 인정받았음을 알 수 있다.

그렇다면 이 아름다운 부여태비와 결혼한 이옹은 어떤 사람이었을까?

《구당서舊唐書》에 의하면, 이옹의 할아버지는 당고조 이연의 15번째 아들이자 '괵왕'에 책봉된 이봉李鳳이며, 아버지는 측천무후 집권 초반기에 조주자사를 역임한 이굉李宏이다. 당시 당나라는 황제의 아들을 비롯한 황족들을 각 지역의 제후왕으로 책봉하여 지방을 다스렸다. 그러니까 이옹의 할아버지와 아버지는 '괵' 지방의 제후왕이었던 것이다. 이 제후왕의 자리는 장자상속으로 이어졌다. 이옹의 아버지 이굉은 이봉의 셋째 아들이었기 때문에 괵왕이 될 수 없었다.

그러나 이옹은 대단한 야심가였다. 황제는 어렵더라도 괵왕 정도는 해야 하지 않겠는가. 때마침 당나라 정국은 당고종의 황후인 측천무후則天武后로 인해 거세게 출렁이고 있었다. 무후는 병든 고종을 대신해 섭정하며 황태자들을 연거푸 갈아치우고, 황제가 죽자 황제들(중종과 예종)까지 연이어 갈아치운 끝에 스스로 황제가 되어 나라 이름까지 '대주大周'로 바꾸어 버렸다. 당 왕조가 끝나고 '주'라는 새로운 왕조가 성립한 것이다.

이렇게 되자 기존의 당 황실 친족들은 졸지에 '청산'의 대상이 되었다. 곽왕으로 있던 이옹의 사촌 형 이우李寓 역시 688년 곽왕 자리에서 쫓겨났다. 당 황실의 일족이었던 이옹도 숨소리조차 내지 않으며 납작 엎드려 때를 기다렸다.

드디어 705년 측천무후가 죽고 중종이 황위에 복위하면서 당 황실이 부활했다. 기회를 엿보던 이옹은 중종의 부인인 위황후의 여동생에게 접근했다. 과부였던 위씨부인이다. 위황후는 시어머니인 측천무후만큼이나 권력욕이 강한 사람이었다. 그런 사람의 여동생과 혼인하면서 이옹은 출세가도를 달리게 된다. 이옹은 온갖 아부와 아첨으로 위황후의 눈에 들려고 노력했고, 그 노력이 통해 황후의 총애를 입어 관직에 오르고 곽왕에 책봉되었다.

그런데, 이옹이 곽왕으로 책봉된 지 한 달 만에 위황후가 실각하고 살해당하는 일이 벌어진다. 예종의 셋째 아들인 이융기(당현종)가 이끄는 반란군은 위황후는 물론이고 그 일족들까지 몰살했다. 이옹은 다시금 납작 엎드려 어떻게 하면 이 난국에서 살아남을 수 있을지 생각했다. 이옹은 서슴없이 부인인 위씨부인의 머리를 베어다 반란군에게 바친다. 이처럼 비정한 행적이 비난받아 잠시 강등되기도 했지만, 어쨌든 이옹은 711년 다시 곽왕에 책봉되었다. 이런 곽왕 이옹의 두 번째 부인이 바로 의자왕의 증손녀인 부여태비였다.

봄날 숲처럼 아름답고, 집안을 일으킨 여인

이옹은 위씨부인과의 사이에는 자녀가 없었지만 부여태비를 맞아 다섯의 아들을 낳았다. 그 맏아들이 이옹을 이어 괵왕의 자리를 물려받았다.

권력 앞에선 피도 눈물도 없던 이옹이었지만, 그런 계산 때문에 부여태비를 아내로 맞아들인 것 같지는 않다. 망국의 왕녀는 출세에 그리 도움이 되지 않았을 테니까. 이옹이 부여태비와 혼인한 이유는 "남국南國 사람의 얼굴처럼 아름다우니 봄날의 숲과 가을 단풍 같았다. …… 세상에 드물게 어진 사람이며 덕이 있어 외롭지 않았고 속마음과 겉으로 드러난 모습이 같았다. …… 이옹과 혼인한 후 집안을 일으켰다."는 묘비명의 내용으로 미루어 짐작할 수 있을 것이다.

부여태비는 용모가 아름다웠고, 아름다운 외모만큼이나 자애롭고 현명한 여인이었던 모양이다. 비록 '의롭고 자비롭다'는 뜻을 지닌 '의자義慈'왕의 이름은 백제 멸망 후 웃음거리가 되었지만, 그의 증손은 이국땅에서도 품위를 지키며 살아 그 칭송이 묘지명으로 남았다.

나라를 절단 낸 총각왕의 순정

우산국의 마지막 왕 우해왕

'신라 지증왕 13년(512) 신라 장군 이사부異斯夫가 우산국于山國을 점령하여 신라에 복속시켰다.'

이것이 우리 역사에 남은 우산국에 대한 처음이자 마지막 기록이다. 신라에 복속될 당시, 울릉도에 있던 고대 소국 우산국의 왕이 우해왕于海王이다. 그러나 우해왕은 우리가 생각하듯 나약하거나 부패한왕이 아니었다. 오히려 산을 뽑을 만한 힘과 기개로 인근 바다를 주름잡던 강력한 왕이었다. 우해왕이 다스리던 시기는 우산국의 전성기였다. 우산국은 비록 울릉도를 근거지로 하는 작은 부족국가였지만, 주변국들이 감히 넘보지 못하는 강한 해상왕국이었다. 그런데 우산국의전성기를 이끈 왕이 어쩌다 '망국의 군주'가 되었을까?

왜구를 정벌하러 갔다가…

6세기 초반, 우산국의 근심거리는 역시 왜구였다. 불과 50킬로미터 밖에 사는 왜구들이 우산국을 제 집 안방처럼 수시로 드나들며 노략질을 했기 때문이다. 백성들의 하소연이 넘치자, 우해왕은 의연히 칼을 빼들고 왜구의 본거지인 대마도에 직접 군사를 거느리고 쳐들어갔다.

대마도 왕은 우해왕 군대를 보고 더럭 겁이 났다. 왕의 풍모와 군대의 기강이 자신이 알던 우산국의 모습과 많이 달랐다. 잘못하다간 대마도가 우산국에 먹힐 수도 있었다. 대마도 왕은 우선 우해왕을 성대히 대접하며 환심을 샀다. 작은 나라끼리 잘 지내자며 다시는 우산국을 침범하지 않겠다는 약속도 했다. 그러면서 슬쩍 여자 이야기를 꺼냈다.

우해왕은 아직 혼인 전이었다. 그동안 거친 바다를 누비며 남자들끼리의 싸움에만 몰입하느라 여자를 진지하게 만나 본 적이 없었다. 왕은 덩치만 컸지 여자를 잘 모르는 숙맥에 가까웠다.

대마도 왕은 그 틈을 놓치지 않았다. 그 자리에서 자신의 셋째 딸을 불러다 우해왕에게 선보였다. 대마도에서 아름답기로 소문난 풍미녀 豊美女였다. 우해왕은 풍미녀를 보는 순간 마음이 흔들렸다. 그러나 우산국 왕의 체면에 왜국 왕의 딸을 아내로 맞아들이는 것은 여러모로 편치 않았다.

우해왕은 대마도 왕의 혼인 제의를 거절했다. 아직 혼인할 생각도 없거니와, 우산국 백성들의 삶을 안정시키는 것이 먼저였다. 대마도

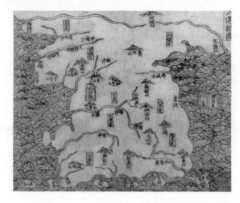

왕은 그 대답을 듣고는 더 우해왕이 마음에 들었다. 우산국과 대마도 간의 평화라는 정치적 목적 외에도, 이처럼 강직하고 용맹한 사윗감을 다시 찾기는 어려울 것 같았다. 볼수록 탐나는 인물이 아닌가!

대마도 왕은 풍미녀에게 대마도의 앞날을 위해서라도 반드시 우해왕의 눈에 들어 우산국의 왕비가 되어야 한다고 다짐을 받았다. 풍미녀도 남자답게 생긴 우해왕이 싫지 않았다. 그러나 자신을 거절한 우해왕의 마음을 무슨 수로 돌린단 말인가. 역시 그 방법밖에 없었다.

풍미녀는 밤이 깊어지길 기다려 우해왕의 처소에 몰래 들어갔다. 우해왕은 이미 잠자리에 들어 있었다. 풍미녀는 눈을 질끈 감고 우해왕의 품을 파고들었다. 우해왕이 깜짝 놀라 일어나 앉으려 했으나 풍미녀가 그의 가슴께를 안고 놓아 주지 않았다.

"왜 그러시오, 공주!"

"전 왕을 처음 보고 사모하게 되었습니다. 저를 받아 주시지 않으면

저는 이곳에서 죽겠사옵니다."

풍미녀는 고운 얼굴 위로 눈물을 쏟았다. 가녀린 여인의 눈물에 우해왕의 마음은 심하게 흔들렸다.

다음 날, 우해왕은 결국 풍미녀를 데리고 우산국으로 돌아왔다.

우산국이 신라를 노략질한 이유

풍미녀는 볼수록 아름답고, 갈수록 사랑스러운 여인이었다. 마침내 우해왕은 그녀를 우산국의 왕비로 삼았다. 뒤늦게 배운 도둑질에 날 새는지 모른다더니, 풍미녀에 대한 우해왕의 사랑은 시간이 지날수록 뜨거워져 어느덧 두 사람은 떼놓을 수 없는 사이가 되었다.

처음에는 우산국 백성들도 전쟁터만 누비고 다니던 우해왕이 드디어 제 짝을 만났다며 반겼다. 그러나 눈을 뜨나 감으나 이제 우해왕 머릿속에는 풍미녀밖에 없었다. 나랏일은 저절로 멀어졌다. 조정 회의에도 잘 참석하지 않고 풍미녀 치마폭 안에서만 지내려 했다.

그뿐만이 아니었다. 우해왕은 풍미녀가 원하는 것은 모두 해 주었다. 이제 우산국의 왕은 우해가 아니라 풍미녀인 듯했다. 혹시라도 반항하는 백성이 있으면 사정없이 죽였다. 태어나서 싸움만 하던 사내가 사랑에 눈뜨고 나니 눈에 뵈는 것이 없었다.

아침이면 풍미녀에게 무엇이 가지고 싶은지 물어보는 게 일이었다. 그러자 조신했던 풍미녀도 서서히 본색을 드러냈다. 처음에는 조그만 선물에도 감동하더니 점점 더 값지고 귀한 것을 찾기 시작했다. 우해왕은 풍미녀가 갖고 싶어 하는 것이 우산국에 없을 때에는 신라에 가서 노략질이라도 해서 가져다주었다. 노략질의 횟수가 늘면서 신라 백성들의 원성이 높아만 갔다.

신라 조정에서 우산국 복속 문제가 거론될 정도로 사태가 심각해졌지만, 우해왕은 그런 문제 따윈 안중에 없었다. 풍미녀만 즐겁고 행복하면 그걸로 끝이었다. 풍미녀에 대해 간언하는 자가 있으면 당장에 목을 베거나 바다에 처넣으니, 신하와 백성들은 모두 겁에 질려 한 마디도 못한 채 날로 심해지는 풍미녀의 행태를 지켜보기만 했다.

너무도 달라진 왕의 모습에 우산국 백성들은 풍미녀를 저주하기 시작하였다.

"우해왕이 달라졌어. 예전의 왕이 아니야."

우산국의 민심은 급속히 흉흉해져 갔고, 어느 날부터인가는 신라가 곧 쳐들어올 거라는 소문이 돌기 시작했다. 그러나 우해왕은 그런 소문을 전하는 자들까지도 바다에 처넣었다.

그런데 풍미녀가 딸 하나만 남기고 갑자기 죽었다. 몸을 가눌 길 없는 슬픔에 빠진 우해왕은 뒷산에 병풍을 치고 백 일 동안 제사를 지냈다. 왕비를 모시던 열두 명의 시녀에게는 매일 비파를 뜯게 하였다. 이를 지켜보는 백성들은 우산국의 앞날을 걱정하지 않을 수 없었다.

512년 마침내 지증왕의 명령을 받은 신라 이사부가 우산국 정벌에 나섰다. 당시 아슬라주(지금의 강릉)의 군주였던 이사부는, 신라 백성들을 괴롭히는 우산국 문제를 해결할 방안을 모색했다. 처음에는 우산국에 사신을 보내어 항복을 권했지만, 우해왕은 도리어 사신을 죽여 거부 의사를 표시했다.

당시 신라는 처음으로 '왕王'이라는 중국식 왕호를 사용하고, 지방행정에 군현제를 도입하는 등 고대 왕권국가의 기틀을 갖춰 가고 있었다. 이러한 시기에 사람들이 사납고 지형이 험하기로 악명 높은 우산국을 섣불리 공격했다간 신라의 왕권이 크게 손상될 수도 있었다. 이때 이사부가 꾀를 내었다.

이사부는 우산국 사람들이 한 번도 사자를 보지 못했다는 점을 이용하여, 전함에 나무로 만든 사자를 잔뜩 싣고 우산국 해안에 접근했다. 그리고 나무사자의 입에서 불을 뿜게 하고 일제히 화살까지 쏘게 했다.

"너희가 항복하지 않으면 이 맹수들을 풀어서 밟아 죽이겠다!"

이를 본 우산국 사람들이 벌벌 떨었으며, 결국 우해왕은 이사부에게 항복하고 말았다.

신라 왕자를 찾아
국경을 넘은 백제 공주

신 라 　 법 흥 왕 과 　 백 제 　 보 과 공 주

신라 제21대 소지왕炤知王('비처왕') 17년(495), 문자왕의 고구려가 군사를 일으켜 백제의 치양성을 포위 공략하자 백제 동성왕은 신라에 사신을 보내어 구원을 요청했다. 소지왕은 쾌히 응하여 당시 국공을 총관으로 하고 장국 덕지德智를 장수로 임명하여 구원병을 파병하여 고구려군을 물리쳤다.

이 시기 신라 소지왕의 부군은 지증왕이었고, 국공은 김원종金原宗(법흥왕)이었다. '부군副君'이란 차기 왕위에 오를 사람이고, '국공國公'은 차차기 왕위 계승자를 일컫는 말이다.

다음 해(496), 백제에서 신라에 사신을 보내어 사례하고 국공을 초청했다. 신라에서도 그 이듬해 그에 대한 답례로 초대받은 국공 김원종을 대표로 한 친선사절단을 백제로 보냈다. 그때 원종의 나이 이십 대 중반이었다.

"저는 공자님을 보자마자 사랑에 빠졌답니다"

백제의 제24대 동성왕東城王은 신라의 국공을 맞아 화려한 연회를 베풀었다. 그 자리에는 동성왕의 딸 보과宝果공주가 있었다. 용모가 아름답고 성격이 활달한 보과공주는, 신라에서 온 김원종을 보고 첫눈에 반했다. 보과공주는 자신의 마음을 숨기는 성격이 아니었다. 보과공주는 그 자리에서 원종에게 활짝 웃으며 고백했다.

"저는 공자님을 보자마자 사랑에 빠졌답니다."

당돌한 공주의 말에 원종은 당황했지만 예쁘고 자신감 넘치는 공주가 싫지 않아 그저 빙긋이 웃었다.

보과공주는 적극적으로 원종에게 말을 건네고, 원종의 뒤를 졸졸 따라다녔다. 참으로 사랑스러운 여인이었다. 보과와 원종은 시간이 가는 줄 모르고 이야기를 나누었고, 대화는 밤까지 이어졌다. 그날 밤, 원종과 보과공주는 사신 숙소에서 남몰래 사랑을 나누었다. 원종은 자신이 신라의 국종이라는 사실도 잊고 공주에게 푹 빠져 버렸다.

달콤했던 며칠이 지나고 내일이면 원종이 신라로 돌아가야 할 때가 되었다. 그날 밤, 두 사람은 같이 정자에 앉았다. 하늘에는 별똥별이 쏟아지고 있었다. 보과는 한없이 행복했지만, 이내 한숨을 폭 쉬었다.

원종은 그 이유를 알았다. 원종도 보과와 헤어지기 싫었다. 이리도 아름답고 사랑스러운 여인을 두고 어찌…….

"공주와 결혼하여 그대를 닮은 딸 하나와 나를 닮은 아들을 낳고 공주와 함께 살고 싶소. 나의 청혼을 받아 주겠소?"

공주의 눈이 반짝했다.

"물론이지요. 공자님, 전 공자님께 시집갈 거예요. 공자님께서 청혼하지 않으시면 제가 하려고 했답니다."

반짝반짝 빛나는 보과공주의 눈에는 장난기가 가득했다. 원종은 절로 미소가 지어졌다.

"내가 신라로 돌아가면 부모님과 상의하여 정식으로 청혼토록 하겠소. 조금만 참고 기다려 주겠소?"

두 사람은 그렇게 앞날을 약속하고 헤어졌다.

아버지도 잃고, 애인도 잃고

백제에 홀로 남겨진 보과공주는 원종이 떠나자 하루도 지나지 않아 그가 보고 싶어 죽을 지경이었다. 솔직한 보과공주는 왕비에게 자초지종을 이야기하고 지금이라도 원종을 뒤따라가겠다고 했다.

"그럼 국공이 신라로 돌아가 정식으로 청혼할 때까지 잠자코 기다릴 일이지, 일국의 공주가 왜 이렇게 경망스럽게 행동하느냐."

"어머니, 전 그 사람이 보고 싶어 견딜 수가 없어요. 도저히 못 기다

덕흥리 고분벽화 앞 칸 남쪽 벽에 그려진 견우와 직녀의 이별 장면.

리겠어요."

딸의 성격을 잘 아는 왕비는 조용히 타일렀다.

"아가, 내 아버님께 말씀드릴 테니 조금만 기다리거라. 알았느냐?"

동성왕은 이야기를 듣고 한숨을 내쉬었다. 원종에게는 이미 신라 왕실에서 정해 준 정비正妃가 있었다. 보과공주가 원종과 혼인한다면 후비가 되는 것이었다. 백제의 공주를 신라의 후비로 보내다니, 이는 절대 안 될 일이었다. 더욱이 신분제가 엄격한 신라에서 다른 나라의 공주를 왕비로 맞아들일지 알 수 없는 일이었다.

보과공주는 눈물을 뚝뚝 흘렸다. 사랑하는데 신분이 무슨 문제란 말인가. 활달한 성품의 보과공주를 아끼던 동성왕은, 그러면 신라 조정에 혼사를 청해 보마고 딸을 달랬다. 그러나 동성왕으로서도 해 줄 수 있는 일이 별로 없었다. 그렇게 4년이 흘렀다.

500년 11월 신라 소지왕이 세상을 떠나고, 원종의 아버지 지증왕이 보위에 올랐다. 국공이었던 원종은 태자가 되었다. 그 사이에 많은 일들이 있었다. 광개토왕 이래 최대 강국이 된 고구려의 남하에 맞서 신라와 백제가 고군분투하고, 신라는 내부의 정치와 행정제도를 정비하며 고대국가의 면모를 갖춰 가고 있었다. 그 와중에 원종은 서서히 보과공주 일을 잊었다. 나중에는 오도, 벽화 등 아름다운 신라 여인들에게 둘러싸여 보과공주와의 약속을 까맣게 잊어버렸다.

그런데 그 이듬해, 동성왕이 사냥을 나갔다가 반대파에게 살해당하는 사건이 벌어진다. 그 뒤를 이어 동성왕의 이복형이 백제의 새로운 왕이 되었다. 백제의 제25대 무령왕이다.

보과공주는 절망에 빠졌다. 사랑하는 아버지를 하루아침에 잃었을 뿐 아니라, 이제 사랑하는 남자를 만날 가능성도 희박해졌다. 원종을 그리워하고 원망하면서 하루하루를 보냈다. 태자가 되었다는 소식을 들었는데 아직까지 소식 한 자 없다니. 정녕 나를 잊었단 말인가. 이대로 원종을 떠나보낼 수는 없었다.

'그래, 서라벌로 가자!'

낭군을 찾아 서라벌로!

보과공주는 유모에게 직접 서라벌로 가겠다고 밝혔다. 공주를 친딸처럼 키운 유모는 공주의 마음을 너무나 잘 헤아렸다.

"공주님, 제가 도와드릴게요."

유모는 보과공주가 신뢰하는 시녀와 함께 공주를 서라벌까지 데려다 줄 사람을 물색하는 한편, 공주의 긴 여정에 필요한 물품들을 마련했다. 드디어 출발일 밤, 공주는 유모가 장에 가서 사온 평복으로 갈아입은 뒤 어머니에게 편지 하나를 남기고 궁을 빠져나왔다. 서라벌로 가서 원종을 만나 결혼하겠다는 내용이었다.

유모가 말해 준 장소에 나가자 건장한 남자 세 명이 공주를 맞았다. 그들은 공주와 시녀를 말에 태우고 서라벌로 향했다. 낮에는 사람들의 눈에 띄지 않게 숨어서 쉬고, 밤에만 말을 달렸다. 어느덧 백제와 신라의 국경에 이르렀는데, 평소와 달리 병사들의 검문이 아주 심했다. 공주의 편지를 발견한 어머니가 이 사실을 무령왕에게 알려 그 사이 검문이 심해진 것이다.

공주 일행은 지금의 복장으로는 국경을 통과하기 어려울 것으로 판단했다. 공주는 시장에서 허름한 사내 옷을 구해 시녀와 함께 남자로 변장했다. 얼굴에 검정과 흙까지 덕지덕지 바르니 곱디곱던 공주의 얼굴은 찾아보기 어려웠다. 원종을 만나기 위해서라면 무슨 일이든 할 수 있어!

공주 일행은 인적이 드문 험한 오솔길로 돌고 돌아 간신히 국경을 통과했다. 신라 땅에 들어선 뒤에도 맘을 놓을 수는 없었다. 최대한 사람들 눈에 띄지 않도록 조심하며 간신히 신라의 서울 서라벌에 도착했다. 공주 일행은 객사에 거처를 정하고 궁궐로 사람을 보냈다. 그러나 태자를 만나기는커녕 궁궐 문조차 넘지 못했다.

보과공주는 손가락에 끼고 있던 옥가락지를 빼서 궁궐 수문장에게 건네라고 일렀다.

"이 편지를 꼭 태자에게 전해야 한다."

드디어 보과공주의 편지가 태자 원종의 손에 전해졌다. 원종은 놀랍기도 하고 혼란스럽기도 했다. 진짜 보과공주란 말인가. 내가 공주를 어찌 잊고 있었던 말인가. 그런데 어떻게 공주가 신라까지 왔단 말인가? 원종은 몰래 궁을 빠져나와 공주가 머물고 있는 객사로 향했다.

보과공주는 일각이 여삼추 같았다.

'공자님이 오실까? 혹 우리의 굳은 약속을 잊고 계신 건 아닐까? 날 잊으신 게 아닐까?

그때 객사의 방문이 열렸다. 뒤돌아선 보과공주 앞에 원종이 서 있었다. 꿈속에서 만난 모습보다 더 멋진 모습으로.

원종도 보과공주를 보고 깜짝 놀랐다. 긴가민가 혹시나 하고 와 본 것인데 진짜로 보과공주가 있었다. 어여쁜 얼굴은 그대로인데 이 초라한 행색은 어찌된 일인가.

"공주? 보과공주가 맞소? 이게 어찌된 일이요? 무슨 일이 있었소?"

"절 잊지는 않으셨군요. 걱정했는데……. 태자가 되셨다고 들었습니다. 저는 태자님과 헤어진 뒤로 단 하루도 태자님을 잊은 적이 없습니다. 그래서 왕의 허락도 받지 않고 몰래 신라로 왔습니다. 오는 길에 국경을 통과하느라 이런 행색이 되었지만……. 그런데 우리가 나눈 사랑을 잊으셨습니까?"

"아, 아니오. 내 어찌 공주를 잊었겠소."

비로소 보과공주의 얼굴에 미소가 감돌며 눈이 반짝였다.

"그러면 우리 지금 당장 혼인해요."

그 당돌한 말에 놀란 원종은 웃음을 터뜨렸다. 그렇지, 이렇게 사랑스러운 여인이 내게 있었지. 이제야 모든 일이 떠오르는구나. 신라 어디에, 아니 삼국을 통틀어도 이처럼 귀여운 여인은 없을 것이다. 원종은 보과공주를 꼭 안았다.

"공주의 명을 어찌 어길 수 있겠소. 내가 먼저 찾아갔어야 했는데 미안하오. 우리 이제 헤어지지 맙시다."

이 소문은 삽시간에 저잣거리에 퍼져 신라 사람들이 백제 공주를 보고자 객사로 몰려들었다. 상황이 이렇게 되자 지증왕은 급히 어전회의를 열어 보과공주를 별궁에 거처하도록 하고, 그간의 우호적인 관계를 고려하여 서둘러 백제에 사신을 보내어 정식으로 청혼했다. 무령왕도 혼인을 승낙하였다. 원종은 크게 기뻐하며 경치 좋고 풍광 좋은 곳에 아름다운 사저를 지어 주었다.

원종은 후에 법흥왕이 되었다. 법흥왕이 수많은 여인과 비첩들 중 유독 보과공주를 사랑한 것은 그 활달함과 당당함 때문이었다. 공주는 원종과의 사이에서 딸 남모와 아들 모랑을 낳았는데, 두 아이 모두 어머니를 닮아 용모가 뛰어났다. 딸 남모는 원화가 되었고, 아들 모랑은 화랑의 3세 풍월주가 되었다. 남모는 훗날 원화 준정의 질투로 강물에 빠져 죽임을 당하였는데, 이 일로 인하여 신라의 원화제도가 폐지된다.

아름다움이
모든 걸 용서하리니

신 라 법 흥 왕 과 풍 월 주 위 화 랑

신라의 제23대 법흥왕法興王 원종은 율령(법제)을 반포하고 불교를 공인하여 신라의 기틀을 세운 왕으로 알려져 있다. 키가 7척 (210센티미터!)에 이르고 도량이 넓었던 법흥왕에게는 여자 문제도 끊이질 않았다.

법흥왕의 정비正妃는 보도保刀부인(파도부인)으로, 제21대 소지왕(비처왕)의 딸이었다. 아마도 소지왕 시절, 차차기 왕위를 계승할 국공으로 있으면서 정략적으로 혼처를 정한 듯싶다. 소지왕이 죽고 원종의 아버지(지증왕)가 왕위를 계승하여 법흥왕 원종은 태자가 되었다. 태자 시절, 원종은 뛰어난 미모와 애교를 갖춘 '오도吾道'라는 여인을 후비로 삼았다. 그런데 오도는 보도부인의 동생이었다. 그러니까 언니와 동생이 한 남자와 같이 산 격이다.

누이를 주고, 후비를 받고

  태자 원종은 정비인 보도부인보다 후비인 오도를 사랑했다. 그런데 오도는 다른 남자를 마음에 품고 있었다. 바로 여자보다 더 아름다운 외모로 신라를 들썩이게 한 위화랑魏花郎이었다.

  위화랑은 소지왕의 마복자로 태어났다. '마복자磨腹子'란 신분이 더 높은 사내가 낮은 사내의 임신한 아내를 불러들여 성관계를 맺고, 후에 아이가 태어나면 그 아이의 후견인이 되어 주는 신라의 독특한 성 풍속이었다. 섬신공의 아들인 위화랑은 어머니 벽아부인이 소지왕의 총애를 입어 마복자로 세상에 태어났다. 법흥왕도 소지왕의 마복자였다.

  이렇게 태어난 위화랑은 용모가 아름다웠다. 백옥 같은 하얀 얼굴에 입술은 붉은 연지와 같고, 맑은 눈동자와 하얀 이를 가졌으며, 말이 떨어지면 바람이 일었다. 외모만 훤칠한 것이 아니었다. 온화하고 겸손한 심성으로 수많은 이가 선망하고 사모했다. 위화랑의 동생이 바로 수레에 태워져 소지왕에게 바쳐진 아름다운 소녀 벽화碧花이다. 벽화는 어머니 벽아부인의 계략으로 소지왕의 후궁이 되어 아들을 낳고, 소지왕이 죽자 지증왕의 아들인 태자 원종(법흥왕)의 후비가 되었다.

6세기 양梁나라를 찾은 외국 사신들의 모습을 담은 중국 화첩 《양직공도梁職貢圖》 속 신라 사신. 당시 화랑의 모습을 추정해 볼 수 있는 자료이다. 법흥왕이 6세기 전반 사람이다.

벽화가 원종과의 사이에서 삼엽三葉궁주를 낳자, 자연히 위화랑은 궁에 자주 드나들게 되었고 그러면서 원종과 위화랑의 관계가 더 돈독해졌다. 원종은 강직한 위화랑을 좋아했다. 그 누구보다 의시하며 앞으로 자신이 왕위에 오르면 많은 도움을 얻으리라 생각했다.

위화랑이 궁궐에 드나드는 횟수가 늘면서 원종의 후비인 오도와도 자주 마주치게 되었다. 처음에는 그저 형식적인 인사만 오갔다. 그런데 언제부턴가 서로를 쳐다보는 위화랑과 오도의 눈빛이 미세하기 떨리기 시작했다. 오도의 우아한 자태와 엷은 미소는 봄바람에 흔들리는 화사한 복숭아꽃 같았다. 복숭아꽃 향기는 어느새 위화랑의 넓은 가슴을 가득 메웠다.

위화랑의 남자다움에 매료되기는 오도도 마찬가지였다. 태자 원종의 발길이 그친 지 오래였다. 오도는 사랑이 넘치는 여인이었다. 그런 그녀에게 사랑의 빈자리는 너무도 컸다. 남몰래 하는 사랑은 더 뜨거울 수밖에 없는 법. 두 사람은 모든 것을 잊은 채 사랑에 몰입했다.

위화랑이 사랑하는 두 여인을 내쫓으라

그러던 어느 날, 오도는 걱정스런 표정으로 위화랑에게 임신 사실을 알렸다. 위화랑은 그녀의 임신이 반가우면서도 걱정이 앞섰다. 태자 원종을 생각하니 두렵기까지 했다.

오도의 배가 점점 불러 오자, 궁에는 둘에 대한 소문이 자자했다. 소문은 이내 태자 원종의 귀에까지 들어갔다. 여전히 위화랑의 누이 벽화에 빠져 있던 원종은, 곧은 성품의 위화랑이 그럴 리가 없다고 했다. 그러나 소문은 잦아들지 않았다. 원종은 오도를 불러 물었다.

"네 배 속에 있는 아이가 누구의 아이냐? 지금 궁에 떠돌고 있는 소문이 진정 사실이냐?"

오도는 그 자리에 주저앉아 그만 울음을 터뜨렸다.

"왜 우느냐? 그 소문이 사실이냐고 물었다!"

오도는 두려움에 몸을 가눌 수 없었다. 그러나 거짓을 알릴 수도 없었다. 오도는 울면서 모든 것을 말했다. 이야기를 들은 원종은 분노로 몸을 떨었다. 그 누구보다 믿고 의지했던 위화랑이 자신의 여자를 넘보는 것도 모자라 임신까지 시키다니…….

원종은 화가 나서 견딜 수가 없었다. 오도도 오도지만, 위화랑에 대한 배신감에 치를 떨었다. 나를 배신한 대가를 치르게 하리라!

"지금 당장 오도를 아시공의 첩으로 보내고, 위화랑의 누이 벽화는 비량공의 첩으로 보내라. 이 둘을 당장 궁에서 내쫓아라!"

오도는 울며 원종의 팔에 매달렸다.

"태자 마마, 제가 죽을죄를 지었습니다. 그러나 전 임신한 몸입니다. 이 몸으로 누구의 첩으로 간단 말입니까. 차라리 위화랑 곁에 머물도록 해 주십시오."

오도의 입에서 위화랑의 이름이 나오자 원종은 더 화가 났다. 눈에 살기마저 서렸다.

"뭣들 하느냐? 지금 당장 오도와 벽화를 궁에서 내쫓아라!"

태자 원종은 위화랑이 사랑하는 두 여인 오도와 벽화를 궁에서 내쫓으면서 속이 후련했다. 위화랑이 당할 고통을 생각하니 그나마 위안이 되었다. 다시는 위화랑을 보지 않을 테다. 다시는! 원종은 다짐하고 또 다짐했다.

위화랑은 미워도 그 딸은 아름다우니…

위화랑의 아이를 임신한 채 궁에서 쫓겨난 오도는 아시공의 첩이 되어 아이를 낳았다. 엄마를 닮은 예쁜 딸이었다. 이름은 옥진玉珍이라 지었다. 오도는 그 후에도 위화랑을 못 잊어 계속 만나다가, 결국 지증왕이 세상을 떠난 514년 아시공의 집에서 위화랑의 둘째 딸 금진까지 낳았다.

오도의 배신으로 마음이 크게 상한 원종은 조강지처인 보도부인을 다시 찾았다. 마음이 넓고 생각이 깊은 보도부인은 남편의 사랑이 좋긴 했지만 동생 오도가 안쓰러웠다. 초라해진 위화랑도 그냥 두고 보기 어려웠다. 위화랑의 온화하고 강직한 성품을 잘 알기에 도움을 주고 싶었다. 그래서 지증왕에게 청하여 '천주天主'라는 관직을 내리게 했다. 천주는 제사를 주관하는 자리였다.

그리고 아버지 지증왕의 뒤를 이어 원종이 왕위에 올랐다. 신라의 제23대 법흥왕이다. 어느덧 세월이 흘러 법흥왕도 나이가 들었다. 하루는 법흥왕이 궁궐을 나섰다가 우연히 한 여인과 마주쳤다. 아주 아름다운 여인이었다.

'신라에 이렇게 아름다운 여인이 있었던가. 하늘의 선녀를 본 것 같구나.'

법흥왕은 그 여인이 누구인지 알아 오라고 환수(환관)에게 시켰다. 누구일까……. 너무도 아름다운 자태였다. 바람을 머금은 듯한 여린 몸매며, 겨울의 눈 같은 피부. 말 그대로 백옥 같은 여인이었다.

"그래, 그 여인이 누구인지 알아 왔느냐?"

"그것이 …… 알아봤는데……."

"그래 누구더냐?"

환수의 입에서 나온 이름을 들은 법흥왕은 까무러치게 놀랐다. 바로 위화랑과 오도의 딸 옥진이었다! 왜 하필 위화랑이 딸인가, 왜! 절세미녀 오도와 신라 최고 미남 위화랑의 딸이었으니 옥진의 미모가 어떠했으랴. 법흥왕은 옥진의 미색과 위화랑에 대한 증오 사이에서 번민했다.

법흥왕은 여전히 위화랑이 너무도 미웠지만, 옥진은 너무도 아름다웠다. 옥진을 생각하면 그 미운 위화랑도 용서할 수 있을 것 같았다. 법흥왕은 결심하고 옥진을 불렀다.

정말 아름다운 여인이었다. 보고만 있어도 황홀했다. 법흥왕은 옥진을 너무도 사랑하여 후궁으로 앉히고 아들까지 낳았다. 바로 비대공比臺公이다. 법흥왕은 비대공도 사랑하여 그를 태자로까지 세우려고 했다. 이는 물론 법흥왕의 정실 딸인 지소只召부인이 입종공立宗公과의 사이에서 낳은 진흥眞興에게 밀려 무산되었다.

결국 법흥왕과 위화랑의 기나긴 악연은 옥진으로 인해 선연善緣으로 마무리되었다. 위화랑은 아름다운 누이 벽화로 인해 권세를 얻고, 사랑하는 여인 오도 때문에 권세를 잃지만, 아름다운 딸 덕분에 다시 복권되니 아름다운 여인들 곁에서 살다 간 인물임은 틀림없다.

궁 안에서 벌어진
여인들의 전쟁

신 라 의   왕 비 족 ,   진 골 정 통 과   대 원 신 통

《화랑세기花郞世紀》제6세 풍월주(화랑) 세종 편을 보면, 신
라의 제13대 임금 미추왕이 광명光明을 황후로 삼으며 후세에 알려 말
하기를 옥모玉帽의 인통姻統이 아니면 황후로 삼지 말라 했다. 까닭에
세상에서 이 계통을 진골정통이라 한다. 옥모부인은 곧 조문국의 왕
녀인 운모雲帽공주가 구도공에게 시집가서 낳은 사람이다.

한 마디로, 옥모부인이 제대로 된 왕비 혈통(인통)이니 그 후손들만
왕비가 될 수 있다는 말이다. 여기에 나오는 '진골정통'은 우리가 아는
신라 골품제의 성골, 진골과 다르다. 그렇다면 신라 왕실에는 진골정
통 말고 또 다른 왕비 혈통이 있었단 말인가?

왕비 자리가 걸린 두 개의 혈통

신라는 기본적으로 자식들이 어머니의 혈통을 따르는 모계 혈통 사회였다. 아버지의 혈통이 낮아도 어머니의 혈통이 높으면 높은 신분을 얻었다. 신라가 부계 혈통 사회로 변화한 것은 7세기 후반 삼국을 통일한 뒤이다. 특히 신라 왕실에서는 그 어머니의 혈통에 따라 왕비가 정해졌다. 앞서 살펴본 대로 미추왕 대(262~284)에 옥모부인을 시조로 세워진 것이 '진골정통眞骨正統'이고, 그보다 늦게 눌지왕(417~458)의 동생 복호의 첩 보미宝美를 시조로 한 혈통이 '대원신통大元神統'이다.

진골정통과 대원신통은 어머니에게서 딸로 혈통이 계승되었다. 미추왕이 진골정통의 시조로 삼은 옥모부인은 신라 초기에 복속된 소문국召文國의 운모雲帽공주와 구도仇道의 딸이었다. 구도는 벌휴왕伐休王(184~196 재위)을 도와 소문국을 복속시킨 신라의 파진찬, 즉 진골 신분이었다.

진골정통이 이처럼 순전히 혈통으로 왕비를 배출했다면, 대원신통은 왕을 색色으로 섬겨 왕후나 후궁을 배출했다. 즉, 미실의 이야기로 알려진 것처럼 왕에게 색공色供을 바쳐 신분을 이어 갔다. 그러면 진골정통과 대원신통에서 나온 남자들은? 한 대에 한하여 어머니의 계통을 이었다고 한다. 즉, 어머니의 혈통에 따라 진골정통이나 대원신통이 되었다. 그리하여 화랑도의 우두머리인 화랑과 낭두郎頭(화랑과 낭도의 사이의 중간 집단)들도 진골정통과 대원신통으로 계파가 갈리었다. 즉, 진골정통이니 대원신통이니 하는 것은 타고난 계급인 '골품'이 아니라, 혈통에 따른 파벌인 '파맥派脈'이었다.

진흥왕의 탄생에 얽힌 치열한 계파 싸움

진골정통은 법흥왕과 정실 왕비 보도부인의 딸인 지소부인으로 이어졌다. 보미를 시조로 한 대원신통은 법흥왕의 후비인 오도, 오도의 딸들인 옥진과 금진으로 이어졌다. 이 두 파는 그 태생부터 서로 달랐고, 각자 세를 확장시키고자 충돌을 피할 수 없었다. 특히 법흥왕 대인 6세기 초반에 이르러 그 정도가 심해졌다.

법흥왕의 딸인 지소부인은 법흥왕의 동생인 입종과 혼인하여 아들 삼맥종彡麥宗(진흥왕)과 숙흘종肅訖宗을 낳았다. 즉, 작은아버지와 결혼한 것인데, 엄격한 신분제 사회였던 신라에서는 혈통의 순수성을 지키는 것이 중요했으므로 이러한 근친혼이 이상한 일이 아니었다.

지소부인의 삼촌이자 남편인 입종은 법흥왕 재위기에 갈문왕에 임명되었으나 일찍 죽었

7세기 후반 통일신라시대의 것으로 추정되는 흙인형 여인상. 미실은 《화랑세기花郎世紀》에만 등장하는 인물이다. 신라 중기에 김대문이 지었다고 알려진 《화랑세기》는 1989년 원본 없이 필사본만 발견되어 책의 진위 여부를 두고 논란이 많다.

다. '갈문왕葛文王'은 신라 왕실에서 가까운 친척들에게 주던 왕명이었다. 반면 대원신통은 오도부인과 그 딸 옥진까지 법흥왕의 총애를 받으면서 권세가 높아졌다.

법흥왕은 옥진을 너무 사랑한 나머지 옥진이 낳은 비대공을 태자로 삼으려 했다. 그러나 진골정통인 지소부인이 강력히 반발하고 나섰다. 아버지가 노망이 나신 것인가! 옥진은 신분이 미천하고 법흥왕을 모시기 전에 남편까지 있던 몸인데 어찌 이런 여인이 낳은 아들을 태자로 삼는단 말인가! 신라 조정은 옥진파와 지소파로 나뉘어 대립했다.

이때 삼엽궁주와 위화랑이 중재에 나섰다. 삼엽은 위화랑의 여동생 벽화가 법흥왕과의 사이에서 낳은 공주였다. 삼엽궁주와 옥진의 아버지 위화랑까지 나서서 비대공의 태자 책봉에 반대하니, 법흥왕은 어쩔 수 없이 지소가 본인의 동생과 낳은 삼맥종을 태자로 삼았다.

540년 법흥왕이 죽고 삼맥종이 일곱 살의 어린 나이에 왕위에 올랐다. 바로 신라의 제24대 진흥왕眞興王이다. 처음 1년간은 법흥왕의 왕비인 보도부인이 섭정을 하였다가 541년부터 진흥왕의 어머니인 지소부인이 섭정하게 되었다. 지소태후는 삼맥종을 태자로 올리는 데 도움을 준 위화랑에 대한 보답으로, 원화를 폐지하고 화랑제를 만들어 1세 풍월주(화랑) 자리를 위화랑에게 주었다. 진골정통의 권세는 날로 높아졌다.

대원신통의 기린아, 미실

　대원신통인 옥진이 하루는 기이한 꿈을 꾸었다. 칠색조가 나타나 그녀의 품으로 들어오는 꿈이었다. 옥진이 이를 법흥왕에게 고하자, 왕이 빈첩이 탄생할 꿈이라며 영실공英失公과 합방하라고 명했다. 영실공은 옥진이 법흥왕의 후비가 되기 전에 혼인한 첫 남편이었다. 그렇게 태어난 아이가 묘도妙道이다. 묘도 역시 자라서 법흥왕을 모셨지만 너무 어려서 법흥왕이 잘 찾지 않았다.

　그 후 옥진은 또다시 칠색조 꿈을 꾸었는데, 이번에는 칠색조가 옥진의 품을 떠나 묘도의 품으로 들어가는 것이 아닌가. 옥진은 이를 이상하게 여겨 묘도를 찾았다. 묘도는 제2세 풍월주인 미진부未珍夫와 함께였다. 미진부는 법흥왕의 딸인 삼엽궁주의 아들이었다. 지소태후가 둘의 혼인을 허락하여, 묘도와 미진부 사이에서 태어난 아이가 바로 미실美室과 미생美生이다.

　진골정통의 지소태후는 여러 번의 결혼으로 자식을 많이 두었다. 법흥왕의 동생인 입종공과의 사이에서 삼맥종(진흥왕)과 숙흘종 외에도 나중에 진평왕의 어머니가 되는 만호萬呼부인도 낳았다. 《화랑세기》에는 숙흘종과 만호는 입종공의 자식이 아니어서 성골 신분이 아니었다고 되어 있다. 어쨌거나 지소는 입종공이 일찍 죽어 홀로 되었다. 이를 안타깝게 여긴 아버지 법흥왕이 지소를 박영실朴英失과 결혼시켰다. 그러나 지소부인은 박영실을 좋아하지 않고 이사부 장군을 좋아하여 그와의 사이에서 세종世宗과 숙명叔明을 낳았다. 세종이 나중에 제6세 풍월주가 되어 미실과 혼인한다.

이후에도 지소는 계속 혼인하여 모두 여섯 명의 남편을 두었다. 그 과정에서 수많은 자식을 낳았음은 물론이다. 지소태후는 진골정통의 계승자로서 자신의 딸이나 친척을 왕과 혼인시켜 권세를 이어 나가고자 하였다. 그런데 만만치 않은 적수가 나타났으니 바로 진흥왕의 비, 곧 본인의 며느리인 사도思道왕후 박씨였다. 사도는 법흥왕의 후비인 옥진이 첫 남편 영실공과의 사이에서 낳은 둘째 딸이었다. 묘도가 사도의 언니였다.

사도는 일곱 살의 나이에 진흥왕과 혼인하였다. 두 사람은 금슬이 아주 좋았다. 사도왕후는 옥진의 딸로 대원신통이었다. 지소태후는 늘 이 점이 마음에 걸렸다. 며느리는 당연히 진골정통이 되어야 했다. 지소태후는 사도왕후를 내쫓고 자신이 이사부와의 사이에서 낳은 숙명을 새 며느리로 맞고 싶었다. 대원신통으로 이어진 왕비를 진골정통으로 바꾸려 한 것이다. 이 계획을 미리 눈치 챈 이가 바로 지소의 며느리인 미실이었다.

진흥왕에서 김유신까지 100년의 투쟁

사실 지소태후는 처음부터 미실이 마음에 들지 않았다. 그도 그럴 것이, 미실은 지소 본인만큼이나 야심가에 대원신통의 계승자였다. 그러나 아들 세종이 미실을 너무도 좋아하여 내키지 않아도 혼인을 허락한 것이다.

옥진의 딸인 사도는 미실에게 이모가 되었다. 미실은 같은 대원신통을 계승하는 이모가 왕후 자리에서 쫓겨나는 걸 그냥 두고 볼 수 없었다. 지소태후의 계략을 알게 된 사도왕후는 남편을 찾아갔다.

진흥왕은 여러 빈들을 거느렸지만 사도왕후를 가장 사랑하고 귀히 여겼다. 그런 왕후가 울면서 찾아오니 진흥왕은 깜짝 놀라 그 연유를 물었다.

"지소태후께서 절 내쫓으려 하십니다. 저를 구해 주십시오."

진흥왕의 얼굴이 일그러졌다.

"그런 일은 절대 없을 것이니 돌아가서 마음을 편히 하시오."

진흥왕은 어머니 지소태후를 찾아가 사도왕후를 내쫓을 일은 절대 없을 것임을 선언했다. 그 순간만큼은 아들이 아닌 일국의 왕으로서 태후도 감히 어쩌지 못하는 위엄을 보였다.

지소태후는 미실이 너무도 얄미웠다. 미실이 아니면 누가 사도에게 그런 이야기를 전했을 것인가. 아들 세종이 아무리 좋아해도 미실을 며느리로 들이는 것이 아니었다. 이러다가는 세종마저 미실에게 빼앗길 판이었다. 태후는 미실을 궁에서 내쫓았다. 죄목은 세종의 거처를 음란한 행위로 어지럽혔다는 것이었다. 그리고 법흥왕의 동생 진종眞宗의 딸인 융명肜明을 세종의 정비로 들였다.

그러나 미실을 떠나보낸 세종은 그만 상사병에 걸려 병석에 눕고 말았다. 융명에게는 눈길조차 주지 않았다. 자식 이기는 부모 없다던가. 지소태후는 아들의 목숨을 살리고자 눈물을 머금고 다시 미실을 궁으로 불러들였다. 진골정통의 수장으로서 참으로 낯이 깎이는 일이었다. 지소태후는 자신의 딸인 만호를 손자인 동륜銅輪과 혼인시켰다. 만호는 지소가 입종공과의 사이에서 낳은 진흥왕의 친누이동생이었고, 동륜은 사도왕후가 진흥왕과의 사이에서 낳은 장남으로 다음 왕위 계승자였다. 그리고 만호와 동륜 사이에서 진평왕이 태어났다.

이렇게 진골정통의 세를 키워 가려던 지소태후의 야심은 성공을 거두는 듯 보였다. 그런데 만호공주와 결혼한 동륜이 일찍 죽고 말았다. 이후 만호공주는 지소태후의 아들인 숙흘종과 혼인하여 만명萬明공주를 낳는다.

576년 진흥왕이 죽고 왕의 둘째 아들 사륜舍輪(금륜)이 왕위에 올랐다. 신라의 제25대 진지왕眞智王이다. 그런데 진지왕은 3년 만에 세상을 떠났다. 진지왕이 왕이 된 후 약속과 달리 미실을 멀리하여 사도와 미실 세력이 왕을 폐위시켰다는 이야기도 있다. 어쨌거나 579년 새로운 왕이 즉위하니, 바로 신라의 제26대 진평왕眞平王이다. 이로써 진평왕의 어머니 만호공주는 태후가 되었다.

지소태후의 진골정통 수장 자리는 만호태후에게 이어졌고, 대원신통의 대표자인 미실은 진흥왕─진지왕─진평왕에 이르는 세 명의 왕들을 연이어 모시며 계통을 이었다. 그런데 이때 만호태후의 딸인 만명공주가 가야계인 김서현金舒玄과 사랑의 도피를 떠나는 사건이 벌어졌다. 김서현의 어머니는 법흥왕의 비인 보도부인 박씨의 동생으로, 대원신통의 후손이었다. 만호태후는 만명공주의 혼인을 반대하여 한동안 딸 만명을 쳐다보지도 않았다.

그러나 김서현과 만명공주의 아들이 장성하면서 만호태후는 마음을 돌린다. 그 아들이 바로 삼국통일 과정에서 큰 역할을 한 김유신이다. 이 김유신의 출셋길을 터준 이가 미실이고 보면, 진골정통과 대원신통은 서로 권력 다툼을 벌이면서도 공생하는 관계였던 듯싶다.

하늘은 왜 내가
사랑하는 남자들만 데려가는가

신 라 화 랑 사 다 함 의 어 머 니 금 진 부 인

법흥왕이 총애한 후비 오도吾道는 위화랑을 사모하여 두 딸을 낳았다. 옥진玉珍과 금진金珍이다. 그 덕에 궁에서 쫓겨난 것은 물론이다. 그런데 옥진과 금진은 자라서 다시 법흥왕의 후궁이 되었다.

옥진은 법흥왕의 아들 비대공을 낳고 궁주宮主가 되었다. 반면에 금진은 별다른 총애를 받지 못하고 법흥왕의 아우 입종공과의 사이에서 숙흘종을 낳았다. 여기에는 다른 이야기도 전한다. 숙흘종은 법흥왕의 딸인 지소부인이 법흥왕의 동생인 입종과 혼인하여 나중에 진흥왕이 되는 삼맥종에 이어 낳은 지소부인의 둘째 아들이라는 설이다.

금진이 어머니라면 숙흘종은 진흥왕의 이복동생이 된다. 왜냐하면 입종공이 법흥왕에 이에 왕위를 잇는 진흥왕의 생부이기 때문이다.

지소부인이 어머니라면 숙흘종은 진흥왕의 친동생이 된다. 어쨌거나 이 이야기는 법흥왕에게 사랑받지 못한 금진의 기구한 이야기다.

3형제를 이끌고 다시 입궁한 여인

금진이 궁에 있을 당시 급찬級湌 벼슬의 신라 귀족 구리지仇利知가 남몰래 금진을 사모하였다. 구리지는 천주사天柱寺라는 절에서 사랑을 이루게 해 달라고 5년이나 빌었다고 하니, 금진에 대한 구리지의 짝사랑이 얼마나 깊었는지 헤아리고도 남음이 있다.

그런데 이름이 왜 구리지일까? 이는 구리지의 탄생과 관련이 있다. 《화랑세기》에 따르면, 구리지는 비량공比梁公과 법흥왕의 후궁 벽화부인이 사통하여 낳은 자식으로, 둘이 사랑을 나누던 장소가 궁궐 화장실이었기에 구리지가 되었다고 한다.

540년 법흥왕이 세상을 떠나면서 구리지에게도 서광이 비추었다. 왕이 죽으면 그 후궁은 궁을 떠나야 했기 때문이다. 금진은 출궁하여 홀로 사가에 머물렀다. 구리지는 당장에 금진을 찾아가 열렬히 구애했다. 마침내 두 사람이 혼인하여 연이어 토함免含, 새달塞達, 사다함斯多含을 낳았다.

진흥왕 9년(548) 구리지가 백제의 독산성獨山城 전투에 나가 자리를 비우자, 외로웠던 금진은 구리지의 용양신龍陽臣 설성薛成과 정을 통하여 제7세 풍월주 설원薛原(설화랑)을 낳았다. 그런데《화랑세기》에 낭도 설성이 아름답고 교태를 잘 부려 구리지의 용양신이 되었다고 한 것으로 보아, 설성과 구리지는 남색男色 관계가 아니었을까 싶다.

설원의 아버지 설성은 출신이 한미했다. 설성의 어머니는 빼어난 미녀로 남도南桃에서 유화로 있었다. '유화遊花'는 신라 서민의 딸 가운데 아름다운 여자들을 가려 뽑아 만든 화랑도 낭도 조직의 일원을 가리킨다. 유화로 있던 설성의 어머니가 한 낭도를 만나 사랑하여 설성을 잉태하고 훗날 다시 만나자고 했으나 사내는 끝내 돌아오지 않았다. 설성의 어머니는 혼자 힘들게 아이를 키우며 살다가 구리지의 눈에 띄어 구리지의 첩이 되었으며, 아들도 낳았다. 나중에 설성은 구리지의 용양신이 되었다.

이러했으니 주변에서 금진과 설성의 야합을 곱게 볼 리 없었다. 그런데 구리지가 독산성 전투에서 사망했다. 그때 마침 진흥왕의 아들 동륜태자를 낳은 사도왕후가 금진을 유모로 불렀다. 금진은 구리지와의 사이에서 낳은 토함과 사다함 형제와 딸 새달을 데리고 궁궐에 들어갔다. 그리하여 금진의 자식들은 이후 궁중에서 자라게 된다.

두 명의 남편이 연이어 전사하고

동륜태자가 태어났을 때 진흥왕은 한창 나이였다. 그러나 진흥왕의 어머니 지소태후는 사도왕후가 좀 더 몸조리를 해야 한다며 합방을 허락하지 않았다. 금진은 동륜태자를 돌보면서 자연스레 진흥왕과 만나는 일이 잦았다. 여전히 아름다운 금진이었다. 금진의 교태에 진흥왕이 넘어오는 것은 시간문제였다. 오래지 않아 금진은 진흥왕의 아이를 임신하였다.

그때 진흥왕의 어머니 지소태후는 왕이 첩을 들이는 것은 허락하지 않은 상태였다. 어쩔 수 없이 금진은 잠깐 나가 살다가, 고급 직물을 생산하는 관청인 조하방朝霞房 부인이 되어 진흥왕의 딸 난성暖成공주를 낳았다.

그런데 금진은 그 와중에도 설성 등 뭇 사내들을 애인으로 거느렸고, 그 이야기는 곧 지소태후의 귀에 들어갔다. 진흥왕은 금진을 불러 자초지종을 물었다.

"네가 여전히 여러 사내와 정을 통한다는데 사실이냐?"

놀란 금진은 눈물을 흘리며 고백했다.

"첩이 불행히도 타락했지만, 지금 만나는 사내는 사노私奴 설성 한 사람이 있을 뿐입니다."

오랜 애인을 개인적으로 부리는 노비라 일컬은 것이다. 이 용감한 고백에 진흥왕은 그 관계를 흔쾌히 인정하고 설성에게 나마奈麻 벼슬까지 내렸다.

어느덧 금진의 아들 사다함이 장성하여 화랑도의 제5세 풍월주가 되었다. 사다함은 풍채가 깨끗하고 준수하며 뜻과 기백이 방정하였을 뿐만 아니라 전쟁에 나아가 크게 활약했다. 이때 금진의 애인 설성도 백제를 정벌하는 데 따라가 높은 공을 세우자, 진흥왕이 금진을 설성에게 내려주었다.

사다함은 성골 다음가는 진골의 높은 신분이었고, 새아버지가 되는 설성은 신분이 그보다 못했다. 그런데 어머니 금진이 설성과 함께 살게 되자, 사다함은 색色이 만물의 근원이니 막지는 않겠지만 함께 살지는 않겠다며 집을 나와 따로 살았다.

그러나 금진의 삶은 순탄치 않았으니, 설성 또한 전장에서 죽었다. 사람들이 죽은 구리지의 저주라고 수군거렸지만, 이 정도 어려움에 굴복할 금진이 아니었다. 금진은 다시 여러 남자들을 거느렸다.

아들 사다함마저 세상을 버리다

사다함에게는 나이를 초월한 벗이 있었으니, 바로 죽음까지 함께하기로 약속한 무관랑武官郎이었다. 사다함이 어질고 의義를 받긴다는 소문을 들은 무관랑은, 본인이 나이가 많음에도 불구하고 먼저 찾아가 섬기겠노라 고개를 숙였다. 사다함도 무관랑의 반듯함에 반해 그와 둘도 없는 벗이 되었다. 무관랑은 사다함보다 낮은 신분이었지만, 사다함은 늘 무관랑과 세상사를 논했다.

그러던 어느 날, 금진이 아들의 집에 들렀는데 마침 사다함은 집을 비우고 무관랑 혼자 있었다. 금진은 무관랑을 눈여겨본 후 그를 집으로 불렀다. 무관랑은 피하고 싶었지만 친구의 어머니가 부르는데 모른 체할 수도 없어 금진의 집을 찾아갔다.

금진이 젊고 아름다운 사내를 그냥 보낼 리 없었다. 둘은 은밀하게

정을 나누었으나 바로 두려움을 느낀 무관랑이 금진을 멀리하려 하
자, 금진은 더 대담하게 무관랑을 직접 찾아와 관계를 요구했다. 이 소
문은 금세 퍼져 무관랑을 비난하는 낭도들이 생겨났다. 무관랑은 한
없는 부끄러움을 느꼈다.

이 소문은 사다함의 귀에까지 들어갔다. 그러나 사다함은 오히려
친구를 위로했다.

"이것은 내 어머니의 죄일 뿐 자네의 죄는 아니네."

하지만 자책감을 이기지 못한 무관랑은 도망가려고 월성을 넘던 중
그만 해자에 떨어져 다리를 크게 다쳤다. 무관랑은 결국 며칠 만에 세
상을 떠났다.

사다함은 7일간 식음을 전폐하며 울다가 슬픔을 이기지 못하고 죽
고 말았다. 사실 사다함에게는 그 즈음 참을 수 없는 일이 하나 더 있
었으니, 바로 정인情人이었던 미실의 결혼이었다.

미실은 본래 사다함과 사랑하는
사이였으나, 지소태후와 이사부 장군
사이에서 태어난 아들 세종과 혼인
했다. 그런데 지소태후가 사도왕후
를 폐하려 할 때 이를 눈치 챈 미실이
사도왕후에게 이 사실을 알려 계획을
무산시켰다. 화가 난 태후가 며느리
를 궁에서 내쫓은 덕에 미실은 다시
사다함을 만나 사랑을 나누었다. 그

1977년 경주 안압지에서 나온 통일신라
시대의 〈금동주악상金銅奏樂像〉. 피리
를 불고 있는 천인天人의 모습이다.

러던 561년 9월, 가야에서 반란이 일어나 사다함이 이를 진압하러 떠났다. 그때 미실이 사다함을 위해 지은 향가가 〈풍랑가風浪歌〉이다.

바람이 분다고 하되 임 앞에 불지 말고
물결이 친다고 하되 임 앞 치지 말고
빨리빨리 돌아오라 다시 만나 안고 보고
아흐, 임이여 잡은 손을 차마 물리라뇨

사다함에 대한 미실의 깊은 사랑이 녹아 있는 시다. 그러나 세종이 미실을 잊지 못해 병석에 눕자, 지소태후가 미실을 다시 궁으로 불러들였다. 전쟁터에서 돌아온 사다함은 미실이 떠난 사실을 알고 〈청조가靑鳥歌〉를 부르며 슬퍼했다.

파랑새야 파랑새야 저 구름 위의 파랑새야
어찌하여 나의 콩밭에 머무는가
파랑새야 파랑새야 나의 콩밭의 파랑새야
어찌하여 다시 날아들어 구름 위로 가는가
이미 왔으면 가지 말지 또 갈 것을 어찌하여 왔는가
부질없이 눈물짓게 하며 마음 아프고 여위어 죽게 하는가
나는 죽어 무슨 귀신 될까. 나는 죽어 신병神兵되리
(전주)에게 날아들어 보호하여 호신護神되어
매일 아침 매일 저녁 전군부처殿君夫妻 보호하여

만년 천년 오래 죽지 않게 하리

　사랑하는 이를 연이어 떠나보낸 사다함은 살아야 할 이유를 잃었
다. 아들이 죽었다는 소식을 들은 금진은, 하늘은 왜 내가 마음을 주는
남자들만 데려가는가 하면서 울부짖었다.

자식 때문에 울고 웃은
3대 58년 세월

신 라   진 흥 왕 ,   진 지 왕 ,   진 평 왕

신라의 제24대 진흥왕은 장남인 동륜태자에 대한 사랑이 남달랐다. 일찍이 왕의 자리를 물려주려고 태자로 봉하였다. 동륜이야말로 신라의 번영을 이끌어 갈 남다른 재목이라고 믿어 의심치 않았다.

그런데 진흥왕 33년(572) 3월, 날벼락 같은 소식이 날아들었다.

"동륜태자께서 세상을 떠나셨습니다!"

진흥왕은 하늘이 무너지는 듯했다.

졸지에 아들이 비명횡사한 진흥왕

"그래 어찌 죽었단 말인가?"

환수(환관)가 머리를 조아리며 말을 잇지 못했다.

"왜 말을 못 하는가? 어서 말하라니까!"

"태자께서는 …… 말씀드리기 황송하오나 …… 개에 물려 돌아가셨다 합니다."

진흥왕은 허탈함에 무릎에 힘이 풀렸다. 일국의 태자가 적국 병사의 칼이 아니라 고작 개에 물려 죽다니.

"개라니, 개라니……. 그래 어쩌다 개에 물렸단 말이냐?"

누군가의 과실로 개가 풀려나 태자를 물었다면 그자를 가만두지 않으리라. 진흥왕은 이성을 잃고 길길이 날뛰었으나, 환수는 말을 잇지 못한 채 그저 고개만 숙이고 있었다. 내 귀한 아들이, 장남이 어떻게 개에 물려 죽었단 말인가.

어렵게 입을 뗀 환수는, 태자가 간밤에 보명宝明궁주를 만나러 보명궁을 넘다가 개에 물렸다고 말끝을 흐렸다. 진흥왕의 얼굴이 시퍼레졌다. 그도 그럴 것이 보명궁주는 진흥왕

경주 천마총에서 출토된 금관.

이 총애하는 후궁이었다.

그런 후궁을 남몰래 사모하던 동륜태자가 간밤에 보명궁주와 같이 밤을 보내려고 담을 넘다가 개에 물려 죽은 것이다. 한밤중이라 앞이 잘 보이지 않아 궁을 지키던 개를 피하지 못하고⋯⋯.

진흥왕은 한동안 말을 잊지 못했다. 그저 뒷목을 잡고 부들부들 떨기만 했다. 사랑하는 장남이 내가 총애하는 후궁을 만나려다가 개에 물려⋯⋯. 진흥왕은 울어야 할지 화를 내야 할지 갈피를 잡지 못했다. 뒷목이 아파 소리를 지르려다 말고, 다시 소리를 치려다 가슴을 치고, 한동안 눈물과 탄식과 고함 사이를 오갔다. 그 상황에서 누구 하나 나서지 못하고 그저 바라만 볼 뿐이었다.

진흥왕은 사도왕후와의 사이에 아들을 둘 두었는데 동륜과 사륜(금륜)이었다. 진흥왕의 기대를 한 몸에 받았던 장남 동륜이 이렇게 비명횡사하면서 둘째 아들 사륜이 다음 왕위를 잇게 되었다. 바로 제25대 진지왕이다.

혼령이 되어 아들을 낳은 진지왕

그런데 그런 우여곡절 끝에 왕위에 오른 진지왕도 즉위 4년 만에 신하들의 손에 끌어내려진다. 《삼국사기》에는 진지왕이 576년 즉위하여 579년 가을 7월 17일에 돌아가서서 시호를 '진지眞智'라 하고 영경사 북쪽에 장사 지냈다고만 되어 있다. 그러나 《삼국유사》는 왕이 즉위한 지 4년 만에 정사가 어지럽고 문란하여 신하들이 그를 폐위시켰다고 하였으며, 더 나아가 《화랑세기》에는 진지왕이 자신을 왕위에 올린 미실을 왕후에 책봉하겠다는 약속을 어겨, 대원신통인 미실과 사도왕후가 사도왕후의 오라비인 상대등 노리부弩里夫를 이용하여 폐위시켰다고 되어 있다. 진지왕이 명이 짧아 그냥 죽은 것인지, 폐위된 것인지, 폐위되었다면 그 연유는 무엇인지 확실하지 않다.

그런데 폐위되기 직전, 진지왕은 사량부沙梁部(서라벌의 행정조직인 6부의 하나)에 도화랑桃花娘이라는 미녀를 마음에 품고 있었다. 도화랑은 이미 결혼한 여인이었는데, 얼굴이 너무도 아름다워 사람들이 그녀를 도화녀, 즉 '복숭아꽃 여인'이라고 불렀다. 진지왕은 도화녀를 궁으로 불러 자신의 첩이 될 것을 명하였다. 그러나 도화녀는 남편이 있는 몸으로 그럴 수 없다며 거절하였다.

당시의 자유분방한 풍습으로 볼 때 상당히 지조 있는 여인이었다. 이대로 물러날 수 없었던 진지왕은 다시 물었다.

"네가 남편이 없다면 그때는 나의 첩이 되겠는가?"

"예, 남편이 없다면 당연히 왕을 모시겠습니다. 그러나 지금은 아닙니다."

"그래, 지금은 물러가거라. 내 너의 남편이 없을 때 꼭 너를 부르겠다."

그로부터 2년 후 진지왕이 갑자기 세상을 떠나면서 두 사람의 인연은 끝나는가 싶었다. 어인 일인지 진지왕이 죽고 얼마 후 도화녀의 남편도 죽었다.

그리고 며칠 뒤 밤, 죽은 진지왕이 도화녀를 찾아왔다.

"네가 남편만 없다면 나를 받들겠다 했는데 이제 남편이 없으니 나를 받들겠는가?"

도화녀는 너무 놀라 진지왕을 뚫어져라 바라보았다. 분명 생시와 다름없이 똑같이 생긴 진지왕이었다. 죽은 왕이 자신과의 약속을 지키려고 저승에서 달려오다니. 도화녀에게는 더 이상 거절할 명분이 없었다.

"예, 지난번의 약속대로 이제는 남편 없는 과부이니 왕을 모시겠습니다."

진지왕은 열흘간 도화녀의 집에 머물렀고, 그 기간 동안 오색 광채가 그 집을 에워쌌다. 그리고 도화녀가 사내아이를 낳았다. 그 아이의 이름은 비형랑鼻荊郞이요, 도화녀가 말하길 진지왕의 아들이라 하였다.

유명한 세 딸을 낳은 진평왕

그로부터 10여 년이 흘렀다. 비형랑이 성장하면서 그 출생에 얽힌 이야기가 진평왕의 귀에까지 들어갔다. 개에 물려 죽은 동륜태자의 아들 백정白淨이 진지왕의 뒤를 이어 신라 제26대 임금이 되니, 바로 진평왕이다. 진평왕은 이야기를 듣고서 비형랑을 바로 궁으로 불렀다.

소문대로라면 비형랑은 작은아버지의 아들이니 진평왕에게는 사촌이 되었다. 그 불쌍하게 죽은 작은아버지가 혼령이 되어 아들을 낳다고? 궁에 들어온 비형랑을 본 진평왕은 깜짝 놀랐다. 과연 도화녀의 말대로 작은아버지 진지왕의 모습을 쏙 빼닮은 모습이었다. 진평왕은 당장에 비형랑이 맘에 들어 궁으로 불러들이고 비형랑이 열다섯 살이 되자 궁중 업무를 돌보는 집사執事 벼슬까지 내려주었다.

그런데 얼마 후 비형랑이 밤만 되면 궁을 빠져나간다는 소문이 돌기 시작하였다. 진평왕은 사실인지 알아보기 위해 병사들을 시켜 비형랑을 지키게 하였다. 과연 밤이 되자 비형랑이 살금살금 궁을 빠져나갔다. 병사들이 그 뒤를 쫓아가 보니 비형랑이 귀신과 놀고 있는 것이었다. 놀란 병사들이 이를 진평왕에게 아뢰니, 진평왕은 이를 확인하고자 비형랑에게 다리를 놓으라 명하였다. 그러자 비형랑이 하룻밤 만에 다리를 완성하였다.

진평왕은 태어나면서 얼굴이 기이하고 몸이 장대하였으며, 의지가 깊고 식견이 명철하였다. 어찌나 힘이 센지 제석궁帝釋宮(천주사)에 갈 때 돌계단을 밟았는데 돌이 두 개로 갈라졌다고 한다. 진평왕은 신라 백성들에게 왕의 위엄을 보여 주기 위해 갈라진 돌을 그대로 두라고 명했다고 한다. 진평왕이 왕의 위엄을 보인 일화는 또 있다.

《삼국유사》에 따르면, 진평왕이 왕이 된 첫해(579년) 하늘의 천사가 궁궐 뜰에 내려와 진평왕에게 옥대玉帶를 선물했다고 한다. 옥으로 장식한 이 띠의 길이는 10위圍에 마디가 62개였다고 한다. 1위圍가 두 팔을 벌려 두른 둘레라 하니 10위면? 진평왕은 천지신령에게 제사를 지낼 때 항상 이 옥대를 착용하였다고 한다. 지금은 전해지지 않는 이 '천사옥대'는 황룡사 구층탑, 황룡사 장륙존상과 함께 '신라의 3대 보물'

로 꼽혔다.

  진평왕의 위엄은 그 딸들에게로 이어졌다. 큰딸은 선덕여왕이 되는 덕만德曼공주, 둘째 딸은 김춘추를 낳은 천명天明공주, 셋째 딸이 백제 무왕과 결혼한 선화善花공주이니, 내세울 만한 위엄이 아닐 수 없다.

못 먹는 감은 기어이 찌르리라

신라 신문왕과 김흠돌

"이 모든 게 자의慈儀 때문이다. 자의! 자의!"

김흠돌은 마지막 순간까지도 자의에 대한 원망을 거두지 않았다.

"자의, 너만 내 여자가 되었다면 이런 일은 없었을 텐데……."

681년 신라 제31대 신문왕이 왕위에 오른 지 한 달 만에 반역 사건이 일어났다. 고구려 정벌에 큰 공을 세운 장군으로 관등 서열 3위 잡찬에까지 오른 김흠돌이 파진찬 흥원, 대차찬 지공 등과 반역을 도모하다가 진압되어 모두 죽은 것이다.

김흠돌은 신문왕의 부인인 왕후 김씨의 아버지, 즉 왕의 장인이었다. 그런 사람이 왜 반란을 일으켰을까? 왜 마지막 순간까지 자의, 그러니까 신문왕의 어머니를 원망했을까?

가질 수 없다면 망가뜨릴 테다

김흠돌金欽突은 김유신의 누이 정희政姬가 달복공에게 시집가서 낳은 아들이다. 정희는 김흠돌과 김흠운金歆運 두 아들을 낳았는데, 동생 흠운과 달리 김흠돌은 어릴 적부터 욕심이 많아서 원하는 것이면 무엇이든 갖고야 말았다. 흠돌은 자라면서 그런 성품이 더 강해져 자신의 욕망을 위해선 어떤 계략이나 악행도 서슴지 않았다.

흠돌의 어머니 정희는 신라의 제29대 태종무열왕 김춘추金春秋와 혼인한 문명왕후 문희의 동생이었다. 그러니까 흠돌에게는 김유신이 삼촌이고, 문명왕후가 이모가 되었다. 그는 사촌인 김유신의 딸 진광晉光과 혼인하면서 김유신의 사위까지 되었다.

이런 후광을 등에 업은 김흠돌의 권세는 하늘을 찌를 듯했다. 게다가 흠돌은 제27세 풍월주였다. 당시 신라 화랑을 사병처럼 부릴 만큼 김흠돌의 자만과 욕심은 끝이 없었다. 그렇다면 자의는 누구인가?

진흥왕과 사도부인의 세 번째 아들로 태어난 구륜仇輪은, 진평왕과 미실 사이에서 태어난 보화宝華공주와 혼인하여 선품善品을 낳았다. 선품은 진흥왕과 후비인 숙명궁주 사이에서 태어난 만룡萬龍공주와 보리공 사이에서 태어난 보룡宝龍과 혼인하여 자의, 운명, 야명, 순원을 낳았다.

자의의 아버지 선품은 파진찬 벼슬을 살다 자의가 어릴 때 세상을 떠났다. 홀로 된 어머니 보룡궁주와 함께 살던 자의는, 그 자태가 아름답고 고고하여 신라에서 칭송이 자자한 여인이었다. 김흠돌은 자의를 보고 첫눈에 반해, 보룡궁주를 찾아가 자의와 혼인시켜 달라고 청했다.

그러나 당시 김흠돌에게는 이미 부인 진광이 있었다. 보룡궁주는 애지중지 키운 딸을 첩으로 보내고 싶지 않다며 거절하였다. 흠돌은 포기하지 않고 집요하게 자의를 달라고 졸랐다. 그래도 보룡궁주가 계속 거절하자, 흠돌은 악한 감정이 생겨 이에 앙갚음하리라 결심했다.

그 즈음, 태종무열왕 김춘추와 김유신의 둘째 누이인 문명왕후의 맏아들 법민法敏태자(문무왕)가 자의에게 청혼했다. 둘 사이에 혼담이 오가자, 김흠돌은 분해서 견딜 수가 없었다. 내가 가질 수 없다면 망가뜨릴 테다!

김흠돌은 이모인 문명왕후를 찾아가 거짓으로 자의의 험담을 늘어놓기 시작했다. 소문이 좋지 않은 그런 여자와 태자를 혼인시키는 것은 안 될 일이라며 당장 혼인을 중지하라고 권했다. 그러나 자의에 대한 태자 법민의 마음은 조금도 흔들림이 없었다. 이제 어쩐다? 흠돌은 어떻게든 자의의 앞날에 재를 뿌리고 싶었다.

태자와 자의가 혼인하자, 김흠돌은 다시 문명왕후를 찾아갔다.

"자의가 덕이 없어 우리 가야파를 흔들어 놓을 수 있습니다. 자의가 아들을 낳아 그 아들이 신라의 왕이 되면 우리 가야파는 어찌 되겠습니까?"

흙으로 만든 통일
신라시대의 문관.

흠돌은 자의를 내쫓고 김유신의 둘째 딸 신광을 태자비로 맞아들여야 한다고 청했다. 조카의 말은 들은 문명왕후는 옳은 소리라고 여겼다. 문명왕후의 아버지 김서현은 가야계 사람으로, 김유신은 만호태후의 딸 만명공주가 김서현과 야반도주하여 낳은 자식이었다. 어떻게 신라 핵심부까지 올라왔는데……. 문명왕후는 자의를 폐하고 신광을 태자비로 맞아들이려 했다. 그러나 이번에도 법민태자는 강하게 반발하며 어머니의 말을 듣지 않았다.

내가 안 되면 내 딸이라도

자의는 김흠돌 때문에 매일이 가시방석이었다. 혼인을 방해하는 것도 모자라 이제는 자신을 태자비에서 내쫓아야 한다며 험담을 늘어놓고 다니질 않는가. 자의는 김흠돌이 너무도 미웠지만 그의 권세가 워낙 대단한지라 그저 당하고 있을 수밖에 없었다.

자의는 그저 태자 법민만을 믿고, 늘 조심조심 고개를 숙인 채 살아야 했다. 태자의 마음이 변하면 언제든 내쫓길 수 있는 위태로운 처지였다. 그러니 김흠돌에 대한 원망이 어떠했으리.

그러다 마침내 자의는 태자의 아들을 연이어 낳았다. 소명昭明과 정명政明(신문왕)이었다. 이때부터 김흠돌의 마음속에 서서히 불안이 자리 잡기 시작하였다. 자신이 그렇게 괴롭힌 여인이 왕후가 되고, 또 다음 왕의 모후가 된다면…….

마침내 661년, 태종무열왕 김춘추가 즉위 8년 만에 59세의 나이로 세상을 떴다. 그 뒤를 이어 태자 법민이 왕위에 오르니 바로 신라 제30대 문무왕文武王이다. 자의는 왕후가 되었고, 소명왕자는 태자에 책봉되었다. 그런데 소명왕자가 어린 나이에 병에 걸려 죽는 바람에 문무왕 5년(665) 둘째 아들 정명이 태자가 되었다.

태자 정명이 성장하는 모습을 불안하게 지켜보던 김흠돌은 다시 이모 문명태후를 찾아갔다. 그리고 이번에는 태자 정명의 혼사를 입에 올렸다. 자의 세력을 견제하려면 자신의 딸을 정명태자와 혼인시켜야 한다는 것이었다.

이 소식을 들은 자의왕후는 까무라칠 듯 놀랐다. 보기만 해도 소름이 끼치는 김흠돌의 여식과 태자를 혼인시키다니, 그런 자의 딸을 며느리로 맞아야 하다니. 이제야 궁궐 생활이 조금 편해졌는데 이런 식으로 또다시 자신을 견제하려 드는 김흠돌이 죽이고 싶을 만큼 싫었다.

태자 정명 역시 어머니가 어떻게 김흠돌에게 당해 왔는지 잘 알고 있는 터였다. 게다가 그 딸에게는 전혀 마음이 가지 않았다. 그러나 할머니 문명태후의 명을 거역할 수는 없었다. 태자는 김흠돌의 딸 소판蘇判을 태자비로 맞아들였다.

궁에 들어온 태자비 김씨는 자신의 든든한 뒷배를 믿고 오만하게 굴었다. 궁의 최고 어른인 문명태후가 이모할머니이고, 신라 최고의 권력자 김흠돌이 아버지가 아닌가. 김씨는 시어머니 자의를 무시하고 자기 마음대로 행동했다. 태자는 그런 김씨가 싫어서 태자비의 거처를 잘 찾지 않았다. 그럴수록 태자비 김씨는 더 못되게 굴었고, 태자의 마음은 더 멀어져 갔다.

태자의 마음을 사로잡은 여인

어느 날, 태자 정명이 이런저런 생각에 잠겨 궁궐을 거닐다가 우연히 소명궁에 당도했다. 그곳에서 한 여인이 연못을 바라보며 조용히 앉아 있는 모습을 보았다. 너무도 단아하고 아름다운 여인이었다.

'누구지? 맞다……!'

소명궁의 여인은 정명의 형인 소명태자와 혼인을 약속했다가 소명이 혼례도 치르기 전에 죽는 바람에 첫날밤도 못 치르고 홀로 소명궁에 살고 있던 선명궁주였다. 선명은 김흠돌의 형인 김흠운의 딸이었다. 선명은 그 아버지의 성격을 닮아 조용하고 혼자 있는 것을 즐겨 궁궐에서도 있는 듯 없는 듯 지내고 있었다.

그날 이후 태자는 소명궁을 찾아가 선명궁주와 이야기하며 지내는 것이 일상이 되었다. 선명궁주는 고요한 연못처럼 배려심이 깊고, 마음씨가 맑은 공기 같은 여인이었다. 선명이 살짝 웃으면 마치 포근한 바람이 태자의 마음을 어루만지는 듯했다. 태자비 김씨와 선명궁주는 사촌지간인데도 성격이 너무 달랐다. 태자비 김씨의 성격을 너무도 싫어했던 정명은 어느새 선명궁주를 사랑하게 되었다.

태자가 태자비 김씨를 멀리하는 것을 알고 김흠돌은 딸을 닦달하기 시작하였다.

"너는 왜 남자 마음 하나를 못 잡는 것이냐? 문명태후마저 돌아가시면 어쩌려고 그러느냐? 태자의 마음을 어떻게든 잡아 보아라."

그러나 이미 태자의 마음속에는 선명궁주가 크게 자리하고 있었다. 태자가 자신을 점점 더 멀리하자, 태자비 김씨는 더 모나게 굴었다.

이후 김흠돌의 이야기를 들어주던 문명태후도 죽고, 681년 문무왕도 세상을 떠났다. 그해 태자 정명이 왕위에 오르니, 바로 신문왕神文王이다.

김흠돌의 반란을 예견한 문무왕

김흠돌의 딸 김씨도 왕후에 오르기는 했지만, 신문왕은 왕후를 다시는 찾지 않고 도리어 멀리하였다. 그러니 왕자는커녕 자식이 생길리 없었다.

이렇게 되자 김흠돌은 신변에 위협을 느꼈다. 대책을 궁리하던 김흠돌은 화랑도를 이용하기로 결심한다. 화랑도를 동원하여 반란을 일으키고, 문무왕의 후비인 야명夜明부인의 아들 인명仁明을 왕으로 세운다면 모든 문제가 해결되리라.

'신문왕을 폐위시키고 자의 또한 폐위시키리라. 건방지게 나와 내 딸을 무시해? 그 어미나 아들이나 내 가만두지 않으리라.'

김흠돌은 반역 모의를 착착 진행시켰다. 화랑도는 이미 김흠돌의 사병이나 마찬가지여서 흠돌은 성공을 확신했다. 그리하여 파진찬 홍원, 대아찬 진공 등과 함께 반역을 도모했다. 신문왕 즉위 원년의 일이었다.

그러나 신문왕의 아버지 문무왕은 바보가 아니었다. 태자 시절부터 김흠돌이 얼마나 자신과 자의왕후를 못살게 굴었는지 잘 아는 문무왕은, 자신이 죽으면 김흠돌이 반란을 일으킬지도 모른다고 염려했다. 그리하여 북원(원주)에 있던 오기吳起를 불러 호성장군(왕의 호위부대)으로 삼아 방비케 하였다.

오기는 《화랑세기》를 쓴 김대문의 아버지로, 제28세 풍월주였다. 과연 오기는 김흠돌 일파의 반란을 일거에 제압하였다. 이 일을 계기로 신문왕은 화랑도를 폐지하고, 전제왕권을 강화하는 본격적인 움직임에 나선다. 김흠돌의 죽음으로 신라 조정을 쥐고 흔들던 가야계도 축출되었다.

김흠돌과 자의왕후의 악연은 이렇게 끝났다. 반란 진압 후 신문왕은 김흠돌의 딸 왕후 김씨를 폐위시키고 궁에서 내쫓았다. 그리고 사랑하는 선명궁주를 비로 삼으니, 곧 신라 제32대 효소왕과 제33대 성덕왕의 모후가 되는 신목神穆왕후이다.

《삼국사기》〈신라본기〉신문왕 3년 계미년(683) 조에는 이렇게 기록되어 있다.

일기찬 김흠운의 딸을 왕비로 삼고자 먼저 이찬 문영, 파진찬 삼광을 보내어 기일을 정하고, 대아찬 지상을 보내어 지금의 함과 같은 납채를 보냈는데, 폐백이 15상자요, 쌀 · 술 · 기름 · 꿀 · 간장 · 된장 · 포 · 젓

갈이 135상자요, 벼가 150수레였다.

5월 7일에 이찬 문영과 개원이 김흠원의 집으로 가서 부인 책봉을 하고 묘시에 파진찬 대상과 손문 그리고 아찬 좌야와 길숙 등을 각각 그들의 아내와 딸 그 밖에 양부, 사량부의 여자들 30명씩을 함께 보내어 맞아오게 하였다.

부인이 수레에 타고 좌우에 관원들과 부녀자들이 시종하는 것이 심히 성대하였다. 왕궁 북문에 이르러 부인이 수레에서 내려 안으로 들어갔다.

이렇듯 신문왕은 온갖 정성과 예로써 선명궁주를 왕후로 맞아들였다. 소명태자와 혼례도 치르지 못하고 홀로 살아가던 선명은 왕후가 되고, 아버지를 믿고 오만하던 태자비 김씨는 역적의 딸로 쫓기니 인생 새옹지마塞翁之馬라는 말이 멀리 있지 않다.

신분이 미천하다고
조강지처를 버릴까
신 라 3 대 문 장 가 강 수

신라 제29대 왕으로 당나라와 연합하여 백제를 멸망시켜 아들 문무왕이 삼국통일을 이룰 수 있는 토대를 마련해 준 태종무열왕. 무열왕 김춘추는 사내의 머리통을 주의 깊게 살펴보았다.

사내의 머리 뒤쪽에는 정말로 사마귀 같은 뿔이 나 있었다.

'오호 신기하구나.'

654년 진덕여왕이 죽고 태종무열왕이 즉위하니, 당나라에서 사신이 와서 당황제의 조서를 전하였다. 그런데 조서의 문장 중 해석하기 어려운 부분이 있어 애를 먹는 중 문장과 한학에 능한 자가 있다는 말에 그를 부른 것이다.

무열왕이 이름을 바꾸어 짓다

과연 들은 대로 황제의 조서를 막힘없이 명쾌히 해석하고 설명해 주니, 무열왕이 깜짝 놀라 그를 다시 한 번 꼼꼼히 살펴본 것이다.

"그래, 경의 이름은 무엇인가?"

문장을 해석할 때에는 그리도 당당하고 거침없더니, 자기 이름을 이야기하면서 사내는 조금 주저하는 듯했다.

"신은 임나가량(가야) 사람으로 이름은 우두입니다."

우두牛頭? '소머리'라니? 이름을 듣고 살짝 미소 짓던 무열왕이 한마디 하였다.

"우두? 경의 두골을 보니 강수強首라 불러야겠소."

이 말에 우두의 이름은 '단단한 머리'로 바뀌었다. 역사서에도 강수라 나오니, 무열왕의 작명이 당대인들에게 큰 공감을 얻은 듯하다.

무열왕은 바로 강수에게 당황제에게 보내는 답서를 작성하게 했다. 그 문장이 얼마나 조리 있고 유려했던지 무열왕이 무척이나 감동받아 그를 '임생任生', 곧 '임나가량 선생'이라고 불렀다. 이후 삼국통일 전쟁기 신라의 중요 문서와 외교 문서는 강수가 거의 도맡아 작성했다.

강수는 오늘날 충청북도 충주 지역인 중원경 사량부 가야인으로, 아버지는 나마 벼슬을 지낸

통일신라시대에 제작된 남자 토우(흙인형).

석체昔諦라는 사람이었다. 그의 어머니가 뿔이 달린 사람이 나오는 꿈을 꾼 후 임신을 했는데, 신기하게도 그 후 태어난 아이의 머리 뒤쪽에 뿔처럼 보이는 큰 사마귀가 달려 있었다.

아버지 석체는 크게 염려하여 아이를 데리고 근처 현자를 찾아갔다. 아이를 유심히 살펴본 현자가 말했다.

"옛말에 이르기를 복희伏羲는 호랑이 모습이었고, 여와女媧는 뱀의 몸이었으며, 신농神農은 소의 머리 같았고, 고요皐陶는 입이 말과 같았다 하네. 옛 성현의 골상이 그처럼 보통 사람과 같지 않았네. 네 아이의 머리에 난 사마귀를 자세히 살펴보니, 얼굴에 난 검은 사마귀는 불길하다 하나 머리의 사마귀는 나쁠 것이 없고 오히려 길하다 하니 이 아이는 보통의 아이가 아닐세. 잘 키우게나."

복희 · 여와 · 신농은 중국 고대 신화에 등장하는 '3황5제'의 제왕들이고, 고요는 순임금 때의 훌륭한 법관이다.

이 말을 들은 석체는 기쁜 마음으로 집에 돌아와 아내에게 말했다.

"이 아이가 남다르다 하니 우리 잘 키워서 반드시 보배로운 사람이 되게 합시다."

그리고 아이의 이름을 '우두'라 불렀다. 강수는 부모의 기대대로 글을 깨치는 속도가 여느 아이들과 달랐다.

하루는 석체가 아들에게 물었다.

"애야, 이제 너는 글을 잘 읽으니 앞으로 어느 학문에 정진할지 정해야 하지 않겠느냐? 불교를 배우겠느냐, 아니면 유교를 배우겠느냐?"

"불교는 세속을 떠난 가르침이라 알고 있습니다. 저는 인간 세상을 사는 사람이니 세상의 학문인 유학을 공부하고 싶습니다."

석체는 빙그레 웃었다.

이후 강수는 스승을 수소문하여 찾아가《효경孝經》,《곡례曲禮》,《이
아爾雅》,《문선文選》등 유교 경전을 읽었다. 《삼국사기》 열전에 따르
면, 배운 것은 낮고 비근하여도 깨달은 바는 훨씬 깊고 원대해서 젊을
때부터 관직에 나가니 그 이름이 널리 알려졌다 한다.

대장장이 딸을 아내로 맞다

사랑에 일찍 눈뜬 강수는 대장장이 딸을 사랑하였다. 둘은 사뭇 사
이가 좋아 강수는 늘 이 여인과 혼인해야겠다고 생각했다. 그러나 강
수의 부모는 생각이 달랐다. 강수가 스무 살이 되자 강수에게 어울리
는 신붓감을 짝지어 주려 했다.

동네 중매쟁이를 통해서 용모나 집안 모두 빠지지 않는 처자를 고
르고 있었는데, 이 이야기를 들은 강수가 와서 고하길 자신은 이미 오
래전 야합한 대장장이 딸이 있다고 말했다. 야합野合이란 부부가 아닌
남녀가 서로 정을 통하는 일을 가리킨다.

가야 출신으로 신라의 17관등 중 11관등에 속하는 나마奈麻 벼슬을
지낸 석체는, 문장과 한학으로 이름을 날리고 있는 아들이 신분이 미
천한 대장장이 딸을 부인으로 들이는 것을 용납할 수 없었다. 신라처
럼 폐쇄적인 신분제 사회에서, 가야계 출신으로 비록 김유신처럼 진

골은 되지 못할지언정 6두품 집안에서 미천한 대장장이 딸을 아내로 맞다니.

늘 아들을 자랑스러워하던 석체였지만 이번만큼은 너무도 화가 났다. 그는 아들에게 처음으로 역정을 내었다.

"네가 이제는 이름난 사람이어서 이 나라에서 모르는 이가 없는데 어찌 미천한 여인과 혼인한단 말이냐. 이는 집안에도 수치스러운 일이다. 나는 절대 받아들일 수 없다."

옆에 있던 강수의 어머니도 말했다.

"이는 절대 있을 수 없는 일이다. 야합이라니. 이는 너뿐만 아니라 우리 집안에 먹칠을 하는 일이다. 부끄러운 일은 하는 게 아니다. 우리는 절대 대장장이 딸을 받아들일 수 없다."

조용히 듣고 있던 강수는 부모에게 절을 두 번 올렸다. 그리고 굳건히 말하였다.

"아버님 어머님, 가난하고 천한 것은 부끄러운 일이 아닙니다. 정말 부끄러운 일은 도를 배우고도 실행하지 않는 것입니다. 일찍이 옛사람의 말에 '조강지처糟糠之妻는 쫓아내지 아니하고 가난하고 천할 때 사귄 친구는 잊어서는 안 된다'고 했습니다. 미천한 신분의 아내라고 해서 차마 버릴 수는 없습니다."

그런 후 대장장이 딸을 당당히 아내로 맞아들였다.

그 남편에 그 아내

이처럼 강직한 성품을 지닌 강수가 이재에 밝을 리 없었다. 오히려 돈과 재물에 신경 쓰지 않아 늘 빈곤하였다. 주위 사람들이 이를 안타깝게 여겨 무열왕에게 아뢰었다. 사정을 알게 된 무열왕이 해마다 신성 지역에서 거두는 곡식 1백 섬을 강수에게 내려 주었다.

이를 두고 무열왕의 아들 문무왕은 강수를 이렇게 평하였다.

"나의 선왕이 당에 군사를 청하여 삼국을 통일한 것은 군사적 공로이나 문장의 공로 또한 소홀히 할 수 없으니 강수의 공이다."

그러면서 강수에게 17관등 중 8관등인 사찬沙湌의 벼슬을 주고, 녹봉을 2백 섬으로 올려 주었다.

신문왕 대에 이르러 강수가 죽자, 나라에서 많은 물품을 지급했다. 그러나 강수의 처는 이를 절에 바쳤다. 그리고 빈 몸으로 고향에 내려가려 하자, 대신들이 이 소식을 신문왕에게 아뢰었다. 신문왕은 곡식 1백 섬을 내려 주라고 했다. 그러자 강수의 아내가 사양하며 말했다.

"저는 미천한 몸으로 입고 먹는 것을 남편에게 의지해 나라의 은혜를 많이 입었습니다. 지금은 이미 홀몸이 되었는데 어찌 감히 다시 나라의 큰 은혜를 받겠습니까?"

신라의 3대 문장가로 꼽히는 설총과 최치원에 비해 강수의 이야기는 비교적 덜 알려져 있다. 강수는 문장만 잘 지은 것이 아니라, 자신의 삶 속에서 배운 바를 실천한 사람이었다.

아들이 태어나면
나라가 위태로울 텐데

신 라   혜 공 왕

《삼국유사》에 흥미로운 이야기가 기록되어 있다.

표훈表訓은 천제가 있는 천궁에 자주 드나들었다. 그런 그에게 경덕
왕이 태자를 낳게 해 달라고 하자, 하늘로 올라가 천제에게 부탁했다.

신라 제35대 경덕왕景德王(재위 742~765)의 첫 번째 아내 삼모三毛부인
은 아이가 없어 왕후 자리에서 쫓겨났다. 경덕왕은 만월滿月부인을 경
수景垂태후에 봉해 후사를 기다렸으나 내리 딸만 보았다. 아들이 없어
후계 문제로 고민이 많던 차에 만월부인이 회임을 했다. 이번에도 또
딸이면 어쩌나 걱정하던 경덕왕은 당시 고승인 표훈을 궁으로 불렀다.

신라 중기의 승려 표훈은 의상대사의 10대 제자 중 한 사람으로, 하늘의 천제와 이야기할 수 있는 능력이 있다고 소문난 고승이었다.

아들만 얻을 수 있다면…

"대사는 하늘의 천제와 이야기할 수 있다고 들었소. 과인이 덕이 부족한지 아직 아들이 없소. 대사께서 천제에게 부탁해 아들 하나만 낳게 해 주겠소?"

표훈은 우선 천제와 상의해 보겠다고 대답했다. 그리고 제단을 세우고 백일기도를 올리며 천제에게 경덕왕의 소원을 빌었다. 표훈이 경덕왕을 다시 찾아와 말했다.

"천제께서 말씀하시길, 지금 왕후 뱃속의 아이도 딸이라고 하셨습니다."

경덕왕은 사색이 되었다.

"그럼 어쩐단 말이오. 대사께서 다시 번 말씀드리고 아들이 되게 빌어 주오. 아들만 얻을 수 있다면 뭐든 다 할 수 있소."

"천제께서 말씀하시길, 아들을 낳게 해 줄 수는 있으나 그 아들이 태어나면 이 나라가 몹시 위태로울 것이라고 하셨습니다."

가슴을 드러낸 통일신라시대의 여성 토우.

"상관없소. 아들만 낳을 수 있다면 다 괜찮소. 어서 아들로 바꿔 주시오."

아들을 바라는 왕의 집념은 대단했다. 표훈은 천제께 다시 말씀드려 보겠다고 했다.

"아들만 얻을 수만 있다면 진정 다 괜찮소. 꼭 천제께 빌어 주시오."

경덕왕은 왕의 체면도 잊고 표훈대사의 손을 꼭 부여잡았다.

그리고 얼마 후 과연 만월부인이 아들을 낳았다. 경덕왕은 뛸 듯이 기뻐하며 아이의 이름을 '건운乾運'이라 짓고 태자로 삼았다. 그런데 이상했다. 태자는 자라면서 점점 여자같이 굴었다. 행동거지 하나하나가 사내아이와는 정반대였다. 예쁜 여자 옷을 좋아했고, 노는 모습도 영락없는 계집아이였다.

여자가 되고 싶었던 왕의 아들

태자가 여덟 살이 되던 해(765), 아버지 경덕왕이 죽었다. 태자 건운은 왕위에 올랐다. 바로 신라 제36대 혜공왕惠恭王이다. 혜공왕은 성인이 되어서도 변한 것이 없었다. 태자 시절의 여자 아닌 여자의 모습 그대로였다. 변한 것이 있다면 아이에서 남자로 성장한 건강한 몸뿐이었다.

혜공왕은 곱게 화장하고 장신구를 걸치는 등 화려한 여장을 했고, 공공연히 동성애를 즐겼다. 소문은 삽시간에 신라 전역으로 번져 나갔다. 때마침 가뭄과 홍수가 겹치는 등 국가적인 재앙까지 일어나 민심이 더욱 흉흉해졌다. 백성들은 이 모든 일이 왕 때문이라고 원망했다.

《삼국유사》에는 혜공왕 2년에 천구성天狗星(유성)이 궁궐 동루東樓 남쪽에 떨어졌는데, 천지가 흔들릴 만큼 큰 소리와 빛을 동반했으며, 또 같은 해 7월에는 북궁北宮 뜰 안에 먼저 두 별이 떨어지고 또 한 별이 떨어져 세 별이 모두 땅속으로 들어갔다고 되어 있다. 또한 대궐 북쪽 뒷간 속에서 두 줄기 연꽃이 나고, 봉성사 밭 속에서도 연꽃이 생겨났으며, 거대한 호랑이가 궁성 안으로 들어온 것을 쫓아가 잡으려다가 놓치는 일이 발생하는 등 요상한 일이 연이어 일어났다고 한다.

그리고 마침내 혜공왕 16년(780) 2월, 이찬 벼슬의 귀족 김지정金志貞이 궁궐을 포위하고 난을 일으켰는데 그 과정에서 혜공왕이 피살당했다. 《삼국사기》에는 혜공왕을 직접 살해한 인물이 누구인지는 기록되어 있지 않고, 다만 같은 해 4월 김양상과 김경신이 반격하여 김지정을 죽였다고만 되어 있다.

김양상金良相은 당시 신라 조정을 책임지고 있던 상대등이었고, 김경신金敬信은 그 다음 등급의 이찬이었다. 그런데 《삼국유사》는 이 김양상, 김경신이 혜공왕을 살해했다고 기록하고 있다. 과연 상대등 김양상은 난을 진압한 후 정통 무열왕계를 왕으로 세우지 않고 스스로 왕이 되었다. 신라 제37대 선덕왕宣德王이다. 김양산은 내물왕의 10세손으로, 사다함의 증손이라고 했다.

혜공왕을 마지막으로 태종무열왕 대부터 신문왕 대까지 이어진 무열왕계의 직계 왕통은 단절되었다. 성골 출신의 선덕여왕과 진덕여왕

이 연이어 후사 없이 죽으면서 신라 역사상 최초로 진골 출신으로 왕
이 된 태종무열왕 이래 8대 120여 년간 이어져 온 왕통이 끊긴 것이다.
경덕왕의 간절한 아들 사랑은 표훈의 예언대로 이후 신라의 국력을
크게 약화시키는 불운한 계기를 만들고야 말았다.

그것은 왕이 될 꿈이라오

신 라 원 성 왕

때는 신라 제37대 선덕왕(재위 780~785) 말기. 김경신은 이상한 꿈을 꾸었다. 고관대작들이 쓰는 복두를 벗고 소립(삿갓)을 쓰고 12현 가야금을 든 채 천관사 우물 속으로 들어가는 꿈이었다. 꿈을 깨고 나서도 영 찝찝한 것이 기분 나쁜 꿈이었다.

혜공왕 대 일어난 김지정의 난을 진압한 후 상대등이었던 김양상은 스스로 왕이 되었고, 김경신은 상대등이 되었다. 그런데 지금 선덕왕 김양상이 후사도 없이 병세가 심각하여 조정이 어수선하였다. 그런 마당에 소립을 쓴 채 우물에 들어가는 꿈이라니……

흉몽이 길몽으로 바뀌는 순간

김경신은 꿈이 영 거슬렸다. 뭔가 좋지 않은 일이 일어날 것만 같았다. 경신은 당장에 용하다는 점쟁이를 데려와 꿈을 들려주고는 해몽하게 했다. 꿈 이야기를 들은 점쟁이도 안색이 어두워지더니 말했다.

"복두를 벗는 건 벼슬에서 쫓겨날 징조고, 가야금은 칼을 쓰게 되는 것이고, 우물 속으로 들어가는 건 감옥에 들어간다는 얘기입니다."

해몽을 들은 김경신은 뒷목이 서늘해졌다. 역시나 조심해야겠어.

선덕왕이 승하하면 그 후계 1순위는 선덕왕의 조카인 김주원金周元이었다. 김주원은 무열왕계를 대표하는 인물로, 왕위 계승 서열상 이재二宰인 김경신보다 높은 상재上宰였다. 김주원이 있는 한 김경신이 왕위를 이을 명분이 없었다. 혹시 왕위 다툼에 휩싸여 목숨을 잃게 되는 것인가? 김경신은 걱정스런 마음에 잠도 못 이루며 두문불출 집 안에만 머물렀다.

곧 김경신이 집 밖에 나오지 않는다는 이야기가 서라벌 전체에 퍼졌다. 몇몇 사람들이 집으로 찾아와 뵙기를 청하였지만, 김경신은 몸이 좋지 않다며 만나지 않았다. 그렇게 김경신은 살얼음 위를 걷는 마음으로 조심하며 하루하루를 지냈다.

그러던 차, 하루는 아찬 벼슬의 여삼餘三이 찾아왔다. 김경신은 물리치며 만나지 않았다. 그런데 다음 날 여참이 또다

신라시대부터 조선시대까지 사용한 복두幞頭. 진덕여왕 때 당나라의 복식제도를 따르면서 쓰기 시작했다고 한다.

시 찾아와 뵙기를 청하니, 김경신은 하는 수 없이 그를 만났다.

"안색이 좋지 않아 보이는데 무슨 고민이 있으신지요?"

여삼이 걱정하며 물었다.

"아닐세."

김경신은 걱정스런 낯빛으로 대답했다. 여삼이 눈을 반짝이며 은밀히 말했다.

"고민이 있으시면 제게 말씀하세요. 혹 도움이 될지 압니까?"

여삼은 지식이 해박하고 믿음직한 사람이었다. 김경신은 잠시 고민하다가 여삼에게 꿈 이야기를 들려주었다. 그러자 여삼이 빙그레 웃으며 갑자기 김경신에게 절을 하였다. 놀란 김경신이 어정쩡하게 절을 물리려 하자, 여삼이 말했다.

"길몽을 꾸셨습니다. 만약 한자리 차지하고서 소인을 잊지 않겠다 약속하시면 제가 해몽해 보겠습니다."

폭우로 물이 불어 궁에 오지 못하다

길몽이라는 말에 기분이 좋아진 김경신은 어서 해몽해 보라고 했다.

"복두를 벗은 것은 위에 다른 사람이 없다는 뜻이고, 소립을 쓴 것은 면류관을 쓸 징조이며, 12현금을 손에 든 것은 12대손까지 왕위를 잇는다는 뜻이며, 천관사 우물로 들어간 것은 궁궐로 들어갈 징조입니다."

왕위라는 말에 김경신은 깜짝 놀라며 고개를 가로저었다.

"아니 김주원이 있는데 내가 어찌 왕이 될 수 있다는 말인가?"

여삼은 목소리를 낮추며 대답했다.

"저는 단지 꿈풀이만 했을 뿐입니다. 그처럼 좋은 꿈을 꾸셨는데 북천신께 제사라도 올리시는 게 어떨지요. 하늘이 도와주려는 듯합니다."

북천北川은 서라벌 북쪽을 관통해 흐르던 시내였다. 김경신은 여삼의 말에 고개를 끄떡였다.

"어찌되었든 내 조용히 제사는 지내겠네. 이 이야기는 비밀로 하고, 내 자네 말대로 된다면 자네를 잊지 않겠네."

김경신 며칠 후 은밀히 북천 신께 제사를 지냈다. 얼마 후 선덕왕이 왕위에 오른 지 6년 만에 승하하였다. 왕의 시신은 불교 의식에 따라 화장되고 그 뼈는 동해에 뿌려졌다. 자연히 선덕왕의 조카 김주원이 다음 왕으로 추대되었다.

그런데 갑자기 비가 내리기 시작했다. 어마어마한 비였다. 당시 김주원은 서라벌 북쪽 20리 떨어진 곳에 살았는데, 비가 얼마나 많이 내렸는지 북천 물이 불어나 다리를 건널 수 없어 왕위를 이으러 궁에 오지 못할 정도였다.

며칠 동안 신라의 왕 자리는 공석이었다. 이제 신하들 사이에서 이상한 말들이 새어 나오기 시작했다. 본디 왕이 되는 것은 하늘의 뜻인데, 갑자기 비가 내려 북천 물이 불어난 것은 김주원이 왕이 되는 것을 하늘이 못마땅하게 여긴다는 뜻이 아니겠느냐고 서로 수군거렸다. 그렇다면 다음 왕위 계승자 김경신이?

처음에 반신반의하던 신하들도 점점 김경신 쪽으로 마음이 기울었다. 그리하여 신라의 온 신료들이 김경신을 왕으로 추대하기에 이르렀다. 신라 제38대 원성왕元聖王이다. 왕이 된 김경신은 약속을 잊지 않고 여삼을 찾았는데, 여삼은 이미 죽고 없었다. 그래도 약속은 약속인지라 원성왕은 여삼의 아들에게 벼슬을 내렸다. 여삼의 복비를 후손이 받은 셈이다.

아들의 왕위 계승을 막으려
이혼시키려 한 아버지

고 려 충 렬 왕 과 충 선 왕

고려시대에 유난이 사이가 좋지 않은 아버지와 아들이 있었으니, 바로 고려 충렬왕忠烈王과 충선왕忠宣王이다.

1170년, 고려의 제18대 왕인 의종 24년에 일어난 정중부의 난으로 고려는 무인의 나라가 되었다. 이후 왕이 되는 명종, 신종, 희종, 강종, 고종은 최충헌이 기틀을 닦은 무인정권의 꼭두각시에 불과했다. 그러던 중 고종 18년(1231)에 몽골이 사신 저고여著古與 살해 사건을 구실로 고종 46년(1259) 강화가 이루어질 때까지 29년간 무려 여섯 차례나 고려를 침입했다. 고종에 이어 왕위에 오른 제24대 원종 대에 드디어 무인정권은 막을 내렸지만, 고려는 이미 몽골의 신하 나라가 된 뒤였다.

제25대 충렬왕 때부터는 왕의 시호 앞에 반드시 '충忠' 자를 넣어 몽골에 대한 충성을 맹세해야 했다. 고려의 '황제'는 왕으로, '폐하'는 전하로, '태자'는 세자로 격하되었다.

고려 왕실 최초의 국제결혼

원나라 세조 쿠빌라이 칸의 딸과 결혼한 충렬왕은, 원나라의 부마국으로서 원나라의 심한 간섭을 받아야 했다. 원종의 장남으로 1260년 스물네 살에 태자에 책봉되고, 1271년 원나라에 가서 쿠빌라이 칸에게 혼인 허락을 받고, 1274년 5월 제국대장공주와 혼인한 후 아버지가 세상을 뜨자 귀국하여 왕위에 오른 충렬왕이었다. 대륙 황제의 딸과 결혼하면서 땅에 떨어졌던 고려 왕실의 지위는 어느 정도 회복했으나, 매사 원나라 조정의 눈치를 살펴야 하는 처지였다.

충렬왕은 결혼 초기부터 안하무인인 제국대장공주(원성元成공주)의 성격을 맞춰 주느라 고생이 이만저만이 아니었다. 심지어 신하들 앞에서 공주에게 맞기까지 하니 왕의 체면이 말이 아니었다.

원래 충렬왕에게는 세자 시절인 1260년 혼인한 정비 정화貞和궁주 왕씨가 있었다. 그런 조강지처를 결혼한 지 14년 만에 제2비로 내치고 원나라 공주를 정비로 맞아들여야 하는 왕의 심정은 말이 아니었을 터. 거기에 제국대장공주를 등에 업고 권세를 누리려는 자들은 그들이 고려의 신하인지 원나라의 신하인지 모를 정도였다.

세자 시절 총명하고 성실한 왕이었지만, 왕으로서 할 수 있는 일이

원나라 초대 황제인 쿠빌라이 칸(원세조)의 〈사냥 행차도〉. 고려 제25대 충렬왕은 쿠빌라이의 사위였다.

아들의 왕위 계승을 막으려 이혼시키려 한 아버지_고려 충렬왕과 충선왕

거의 없었다. 뭐만 할라치면 공주가 원나라에 이르고, 원나라의 의견을 먼저 물어야 한다고 신하들이 설쳐 대니 충렬왕은 점차 정치가 싫어졌다. 그래서 나중에는 사냥과 주색에 빠져 국정을 돌보지 않았다.

충렬왕이 제국대장공주와의 사이에서 낳은 맏아들 왕장王璋은 그런 아버지에게 자주 간언을 올렸다. 백성의 어려운 삶을 돌보고 강한 군주가 되어야 한다고 호소했다. 왕장은 충렬왕 원년인 1275년 9월에 태어나 3년 후 세자로 책봉되었는데, 아버지의 난행을 미워하고 어머니 제국대장공주의 처지를 안타깝게 여겼다.

충렬왕은 제국대장공주의 잔소리도 힘들어 죽겠는데 그 아들까지 나서서 자신을 비난한다며 왕장을 미워하기에 이른다.

아버지를 밀어내고 왕이 되다

사실 왕장은 세자로 책봉된 뒤에도 원나라에 머물렀고, 그곳에서 1296년 11월 쿠빌라이 칸의 증손녀인 계국대장薊國大長공주와 혼인하였다. 그러나 왕장에게도 정비가 따로 있었으니 정비靜妃 왕씨였다. 원나라에 바쳐질 공녀로 뽑힌 왕씨를 왕장이 어머니 제국대장공주에게 간곡히 청해 공비 명단에서 빼내고 아내로 맞아들인 것이다. 그렇게 어렵사리 맺은 인연이었지만 아버지 충렬왕과 마찬가지로 왕장 역시 이 여인을 3비로 내치고 계국대장공주를 정비로 맞아야 했다.

당시 고려의 상황이 그러했다. 원 황제의 말 한 마디에 왕이 되기도

하고 쫓겨나기도 했으며, 밉보이면 목숨까지 잃을 수 있었다.

왕장이 계국대장공주와 혼인하고 그 이듬해인 1297년 5월, 아들의 혼례에 참석하고 귀국했던 제국대장공주가 갑자기 병사했다. 나이 겨우 38세였다. 비보를 듣고 급히 귀국한 왕장은, 어머니의 죽음에 간악한 계략이 있을 것이라 믿었다. 그도 그럴 것이 당시 충렬왕은 후궁 무비無比에게 빠져 제국대장공주에게는 눈길조차 주지 않았다. 왕장은 무비 신씨를 죽이고, 무비와 가까운 측근 40여 명을 죽이거나 귀양 보냈다.

세자가 부왕의 후궁을 마음대로 죽이다니, 그것도 부왕이 엄연히 살아서 왕 노릇을 하고 있는데! 이 같은 하극상이 가능했던 것은 배후에 원나라가 있었기 때문이다. 왕장은 원나라에 고하여 허락을 받고 무비를 처단한 것이다. 원 황제가 허락한 일이면 아무리 고려의 왕이라도 어쩌지 못했다.

충렬왕으로선 기가 막히고 코가 막힐 일이었다. 자신이 아껴 늘 사냥터에 데리고 다니던 후궁을 감히 아들이 나서서 죽이다니……. 왕장은 어여쁜 과부 김씨를 아버지의 후궁으로 들여 마음을 풀어 주려 했으나, 충렬왕의 마음은 이미 돌아선 뒤였다. 세자에 대한 왕의 미움은 걷잡을 수 없었다. 1298년 정월, 정치에 뜻을 잃은 충렬왕은 왕장에게 왕 자리를 물려주고 자신은 선왕으로 물러앉았다. 왕장이 제26대 충선왕이다.

어쩌면 이 모든 일이 충선왕의 계략이었는지도 모른다. 가뜩이나 미운 아버지인데 어머니까지 돌아가시니 원나라의 뒷배를 믿고 아버지를 몰아낸 것일 수도 있다.

본래 책을 좋아했던 충선왕은 개혁정치를 펴기 시작했다. 원의 간섭으로 격하된 기존의 관제를 개혁하고, 권문세가의 토지를 몰수하여 농민에게 나누어 주는 등 고려 사회를 대대적으로 뜯어고치려 했다. 그러나 충선왕의 뒤에 장인인 원 진왕晉王 감마랄이 있었다면, 고려의 권문세가 뒤에는 그동안 긴밀한 관계를 맺어 온 원나라 조정이 있었다.

고려의 권문세가들은 호락호락 당하지 않았다. 그들은 원 조정을 상대로 충선왕을 모함하는 한편, 충렬왕의 신하인 송린과 왕유소 등이 적극 나서서 충렬왕과 충선왕 사이를 이간질했다. 사실 1298년 왕장이 충렬왕의 선위를 받아 즉위한 후 펼친 개혁정책들은 원에 맞서는 것으로 비쳐질 여지가 충분했다. 게다가 결정적으로 충선왕 역시 원에서 혼인한 계국대장공주와 그리 사이가 좋지 않았다. 결국 왕위에 오른 지 7개월 만인 1298년 8월, 원나라 황제의 명으로 폐위되고 원으로 소환되었다. 충렬왕이 다시 복위되었다.

실패로 돌아간 아버지의 반격

아들에게 선위할 당시 정치에 뜻을 잃은 것처럼 보였지만, 사실 충렬왕은 그럴 마음이 없었다. 원과 자신을 이어 주던 제국대장공주가 죽고, 아들이 원의 사위가 되어 돌아오니 어쩔 수 없이 그 힘에 밀린 것이었다. 다시 왕이 된 충렬왕은 아들이 다시 왕이 되는 것을 막고자 하였다. 아니 없애기로 마음먹었다.

충렬왕은 송균, 송린, 왕유소 등과 함께 아들을 세자 자리에서 밀어낼 방법을 모색했다. 송균 등이 생각해 낸 계책은 원을 이용하는 것이었다. 원의 힘을 믿고 까부는 세자를, 원의 힘을 이용해 몰아내는 것! 바로 세자를 세자비인 계국대장공주와 이혼시키는 것이었다. 왕장이 원나라 공주와 남남이 된다면, 원나라도 굳이 왕장을 지지할 이유가 없을 터. 계국대장공주를 고려의 다른 왕족과 결혼시켜 그 왕족으로 하여금 왕위를 잇게 하면, 고려를 대대로 부마국(사위국)으로 두려는 원나라로서도 손해 볼 것이 없을 것이다. 마침 왕장과 계국대장공주의 사이도 나쁘지 아니한가. 바꿔 말하면, 왕장은 계국대장공주와 이혼하는 순간 왕위에서 밀려날 뿐만 아니라 목숨을 부지하기도 어렵게 되는 것이다.

송균 등은 우선 외모가 출중한 왕족을 찾았다. 그래서 간택된 이가 서흥후瑞興侯 왕전王琠이다. 왕전은 충렬왕의 아버지 원종의 둘째 아들, 그러니까 충렬왕의 이복동생이었다. 더욱이 왕장처럼 원나라에 볼모로 잡혀가 머문 적이 있어 원 황실과도 안면이 있었다. 충렬왕은 우선 왕전을 원나라로 보내어 황제의 궁에 머무는 계국대장공주의 마음을 사로잡게 하였다.

왕장과 금슬이 좋지 않았던 계국대장공주는 왕전의 미모와 다정함에 반하였다. 이에 고무된 충렬왕은 1305년 직접 원나라에 건너가 왕장을 반원파로 몰아 참소하고 계국대장공주의 개가 문제를 매듭지으려 했다. 그러나 재상 최유엄과 홍자번 등이 적극 반대하여 성사되지

원나라의 제2대 황제 원성종. 쿠빌라이의 손자이다.(왼쪽)
원나라의 제3대 황제인 원무종. 충선왕은 치열한 후계 싸움에서 원성종의 조카인 무종을 도와 황위에 올렸다.(오른쪽)

못하였는데, 그로부터 2년 후인 1307년 원나라에서 일이 터졌다.

당시 원의 황제이던 성종 테무르가 후계자가 없는 상태에서 갑작스레 건강이 악화된 것이다. 원나라 조정은 왕위 계승을 둘러싸고 황후파와 반황후파로 나뉘어 치열한 쟁탈전을 벌였고, 이에 고려의 충렬왕과 세자 왕장도 각각 목숨을 내놓고 충돌하게 된다. 충렬왕은 황후파인 아난다를 지지하였고, 왕장은 반황후파인 카이산을 지지했다.

어린 시절을 원나라에서 보낸 왕장은 카이산의 동생과 어릴 적부터 친하여 물심양면으로 카이산을 도왔다. 왕장은 어찌되었든 간에 쿠빌라이 칸(원 세조)의 외손자였던 것이다. 그 덕인지 카이산은 반대파를 누르고 왕위에 오르는 데 성공했다. 바로 원 무종武宗이다. 이제 왕장의 고려 왕 복위는 시간문제였다.

이듬해인 1308년 왕장은 다시 고려의 왕이 되었다. 황후파를 지지하고 왕장을 죽이려 했던 송균, 송린, 왕유소, 송방연 등은 줄줄이 처형되었다. 간신히 목숨을 건지고 모든 권력을 빼앗긴 충렬왕은 쓸쓸히 귀국하여 1년 후 세상을 떠났다.

아버지와 아들이
똑같이 사랑한 여인

고 려 충 렬 왕 의 후 궁 숙 창 원 비

양귀비는 당나라 현종의 며느리면서 후궁이었다. 측천무후는 당태종의 후궁이었다가 당고종 이치의 후궁으로 들어가 기어이 황후가 된 여인이다. 어떻게 이런 일이 가능할까? 그런데 우리나라 역사에도 아버지의 여인이었다가 그 아들의 여인이 된 사례가 있으니, 고려 충렬왕의 비 숙창원비淑昌院妃가 그 주인공이다.

아버지의 여인을 취한 충선왕

미모와 자태가 빼어나다고 소문이 자자했던 숙창원비 김씨는 원래

공민왕 대의 문신인 박익의 묘
에 그려진 고려 여인.

진사였던 최문에게 시집을 갔으나 젊어
서 과부가 되었다. 그런 그녀를 1298년
충렬왕의 애첩 무비 신씨를 죽인 충선
왕이 아버지의 마음을 풀어 주고자 데
려가다 충렬왕에게 바친 것이다.

김씨가 궁에 들어가면서 반 백수나
다름없었던 김씨의 오빠 김문연金文
衍은 30세의 나이에 곧바로 정2품
첨의시랑찬성사에 올랐고, 김씨가
숙비로 진봉된 후에는 원나라 관직까

지 얻게 된다. 딸 덕에 부원군이라더니, 미모 하나로 집안을 일으킨 경
우이다.

1308년 7월 충렬왕이 세상을 뜨자, 김씨는 궁을 나와 오빠 김문연의
집에서 기거했다. 그런데 원에서 귀국하여 왕위에 오른 충선왕 왕장
이 갑자기 김문연 집에 들렀다. 김씨는 여전히 젊고 아름다웠다. 김씨
의 자태에 마음을 빼앗긴 충선왕은 여러 날을 김문연 집에 머물렀다.

충선왕이 김문연 집에 머문 이유는 며칠 뒤에 밝혀진다. 충선왕은
김씨를 숙비로 진봉해 궁에 입궁시킨다. 이미 최문과 충렬왕 두 명의
남자를 품었던 김씨는 능수능란하게 충선왕을 사로잡아 아예 정사를
뒷전이게 만들었다. 충선왕은 국가적인 행사로 치러지던 팔관회까지
중지하고, 아버지의 후궁이었던 여인에게 빠져 날이 새는지 저무는지
분간하지 못하는 지경에 이르렀다. 한때나마 개혁을 이끌던 왕의 기

풍은 이미 사라지고 없었다.

그래도 그렇지, 어떻게 아버지의 여인을? 충선왕도 할 말이 없는 것은 아니다. 충선왕은 어려서 원나라에서 자랐다. 어머니 제국대장공주가 원세조의 딸이니, 그 유명한 쿠빌라이 칸이 그의 외할아버지가 된다. 원나라를 세운 몽골족에는 아버지가 죽으면 아버지의 후궁들을 아들이 취하는 풍습이 있었다. 그러니 원의 후손인 충선왕에게는 아버지의 후궁을 취하는 것이 그리 이상한 일이 아니었을 수 있다.

그러나 고려는 불교를 국교國敎로 하는 나라였고, 충렬왕 때 안향安珦이 성리학을 고려에 들여온 이래 충선왕 대에는 이미 이를 공부하는 유학자들이 적지 않았다. 충선왕의 행태를 바라보는 백성과 신하들의 시선이 고울 리 없었다. 다들 두려움에 감히 입을 떼지 못할 따름이었다.

그때 우탁禹倬이라는 신진 관리가 나서서 아버지의 여인을 취한 충선왕의 행위를 '패륜'이라며 정면으로 비판했다. 우탁은 세간에서 '역동선생易東先生'이라 불릴 만큼 유교 정신이 투철한 유학자였다. 당시 감찰규정(종6품)이라는 말단직에 있던 우탁은, 임금이 아버지의 후궁과 정을 통했다는 소식을 듣고 소복 차림에 도끼를 들고서 짚방석을 멘 채 입궐하여 상소를 올렸다. 자신의 이야기가 틀리면 이 도끼로 자기 목을 치라는 의지의 표시였다.

그러나 상소를 올린다 한들 왕이 그것을 보지 않으면 그만이었다. 우탁은 충선왕이 들으라고 일부러 신하들을 향해 큰 소리로 외쳤다.

"그대들은 근신近臣으로서 임금의 잘못을 바로잡지 못하고 이와 같은 추악한 일을 저지르게 하였으니 그 죄를 아는가?"

하지만 어느 누구 하나 선뜻 나서서 동조하는 이가 없었다. 우탁은 그 길로 관직을 버리고 초야에서 당시로서는 최신 학문이던 성리학을 공부하고 교육하며 생을 보냈다.

음란함으로 기록된 고려 말의 총체적 난국

충선왕은 누구의 충고도 듣지 않았다. 그저 숙창원비의 치마폭에 싸여 하루하루를 보낼 뿐이었다. 숙창원비는 이 같은 왕의 사랑을 등에 업고 온갖 사치를 부렸다. 의복도 충선왕의 정비인 계국대장공주와 동급으로 입었다. 또 연회는 왜 그리 자주 열었는지, 심지어 어머니의 상중에도 연회를 열 정도였다.

한번은 원나라에서 사신이 와 연회를 베풀었는데, 당시 관계가 좋지 않던 제6비 순비 허씨와 숙창원비가 연회 자리에서 옷 갈아입기 경쟁을 벌였다. 두 여인이 한자리에서 의복을 다섯 차례나 갈아입으며 사치를 뽐내니, 이를 보며 혀를 차지 않는 사람이 없었다.

그나마 이러한 일탈도 재미가 없었는지, 충선왕은 복위한 지 몇 달 지나지 않아 왕족인 제안대군齊安大君에게 왕권을 맡기고 원나라로 훌쩍 떠나 버렸다. 그리고 그 뒤 1313년 3월까지 단 한 번도 귀국하지 않았다. 고려 신하들이 아무리 귀국해 달라고 간청해도 소용없었다. 오죽하면 원무종이 직접 나서서 귀국하라고 권할 정도였다. 충선왕은 5년간 원의 수도 연경(베이징)에서 신하들에게 교서를 내리는 식으로 고려를 통치했다. 1313년 둘째 아들(충숙왕)에게 왕위를 물려줄 때에야 고려에 돌아왔다가 즉위식이 끝나자 바로 원나라로 돌아가 버렸다.

아무리 집권 초기의 야심찬 개혁 시도가 귀족과 권문세가들의 반대에 막혀 번번이 좌절했다고 해도, 상식적으로 이해하기 어려운 행태가 아닐 수 없다. 아들에게 양위한 후에도 충선왕은 계속해서 교서를 보내어 국내 정치에 개입했다. 자식들을 믿지 않고, 권력을 손에서 놓지 않으려 했다. 그가 그렇게도 미워한 아버지 충렬왕의 행태를 그대로 따라한 것이다.

1312년 충선왕은 개경 남쪽 지역으로 추정되는 삼현三峴에 숙창원비의 집을 따로 지어 주었다. 이곳은 나중에(1325년) 충선왕이 원나라에서 죽었을 때 왕의 시신을 모신 빈소가 되었다.

숙창원비가 충렬왕에게는 아들에게 죽임을 당한 무비 신씨를 잊게 해 준 여인이었다면, 충선왕에게는 고려를 개혁하려다 당한 온갖 모함과 좌절을 어루만져 준 여인이었다. 숙창원비 김씨는 세 명의 남자를 품고, 두 왕의 후궁을 연이어 지낸 고려 역사상 흔치 않은 여인이다. 고려사에 이런 여인이 존재할 수 있었던 데에는 원나라의 속박이라는 기형적인 정치 구조가 자리 잡고 있다. 충렬왕과 충선왕, 두 왕에게는 원의 그늘이 드리우지 않는 유일한 휴식처가 숙창원비였는지도 모르겠다.

역사상 최악의 악질 '깡패왕'

고 려 충 혜 왕

우리 역사상 최고의 폭군은 누구일까? 황음과 폭정으로 유명한 조선의 제10대 왕 연산군? 그러나 연산군에 대해서는 다른 견해들이 제시되면서 재평가해야 한다는 의견도 있다. 그럼 누구? 우리가 떠올리는 폭군의 모든 면을 갖춘 이가 고려 제28대 충혜왕忠惠王이다.

부왕의 여인들을 차례로 욕보이다

충혜왕이 누구인고 하니, 제27대 충숙왕의 맏아들로 고려 제31대

왕인 공민왕의 형이다. 충숙왕은 공원왕후 홍씨에게서 두 아들을 얻었는데, 첫째가 충혜왕이고, 둘째가 제31대 공민왕이다.

충선왕의 둘째 아들로 아버지에게 양위받아 1313년 열아홉의 나이에 왕위에 오른 충숙왕은, 건강이 좋지 않아 1330년 2월 왕위를 첫째인 정禎에게 물려주었다. 당시 정의 나이 열여섯이었다.

그 2년 전인 1328년 정은 당시 고려의 세자들이 그러했듯 원나라로 건너갔다. 아버지에게 양위받을 때에도 원나라에 있었다. 왕위 계승이 결정되자, 그해 4월 원나라 왕족인 관서왕의 장녀 덕녕德寧공주(정순숙의공주)와 혼인하고 9월에 고려에 돌아와 왕위에 올랐다.

그런데 세자 정은 왕위 계승이 결정되고 난 후에도 6일간 매사냥을 하고, 내시들과 씨름을 하고 놀았다. 어려서부터 머리가 좋아서 영특했으나, 나쁜 쪽으로만 머리를 쓰고 천성이 포악하고 천박했다. 공부보다는 노는 데 정신을 쏟고 음탕한 일을 일삼았다. 사냥을 좋아해 궁술이 뛰어났으며, 힘이 좋았다고 한다.

충혜왕은 왕이 된 뒤에도 2년 넘게 매일 놀기만 했다. 날마다 사냥을 하고, 수박희(일종의 씨름)와 격구판을 벌여 즐기고, 여자들을 데리고 놀았다. 자연히 왕실 살림이 어려워졌고, 이를 메우려 백성들을 수탈하니 원성이 하늘을 찔렀다. 이 사실은 원나라 조정에도 알려져, 1336년 12월 원 황제는 다시 아버지 충숙왕을 왕위에 올리고 충혜왕을 원나라로 소환했다.

원나라로 건너간 충혜왕은 위구르족 친구들과 어울리며 위구르 여인들에게 빠져 '발피潑皮'(건달)라는 별명까지 얻었다. 1339년 5월, 충숙왕이 세상을 떠나 다시 귀국하여 왕위에 올랐으나 그 뒤로도 하는 짓이 여전했다.

무도한 무리들과 어울려 다니며 행패를 부리니, 관원들이 잡으러 와서 왕인 줄 모르고 팔을 잡아 패대기치는 일까지 일어났다. 이는 아버지의 여자들에게까지 손을 뻗친 것에 비하면 아무것도 아니었다.

충혜왕은 3년 전 충숙왕의 후비가 된 수빈壽妃 권씨를 억지로 범했다. 권씨는 원래 다른 남자와 혼인한 유부녀였는데, 충숙왕이 억지로 궁으로 들어 후비로 만들었다. 그런데 그 아들까지 권씨를 욕보인 것이다. 권씨는 수치심과 원통함에 식음을 전폐하다가 결국 스스로 목숨을 끊었다.

이뿐만이 아니다. 9년 전 충숙왕이 원나라에 있을 때 후비로 들인 원의 경화慶華공주도 욕을 보였다. 충혜왕은 경화공주를 위해 잔치를 자주 열었고, 이에 경화공주도 자신의 침소인 영안궁에서 답례로 잔치를 열었다. 잔치가 무르익자 충혜왕은 취하여 잠든 척하며 경화공주의 궁에서 나가지 않고 머물다가, 밤이 되자 슬그머니 경화공주의 방으로 들어가 반항하는 공주를 억지로 범했다.

수치심을 참을 수 없었던 경화공주는 원나라로 돌아가 이 사실을 알리겠노라 마음먹고 말을 구해 오라 명했다. 이 사실을 안 충혜왕이 마 시장을 열지 못하게 하여 공주의 원나라행을 막았다. 너무 기가 막히고 원통했던 경화공주는 재상 조적曹頔을 불러 사실을 털어놓고 의논했다.

심양파의 도전을 물리치고 돈벌이까지

재상 조적은 심양파였다. '심양파'란 심양왕 왕고王暠를 고려 왕으로 삼고자 하는 무리를 가리킨다. 심양왕瀋陽王(심왕)이란 만주 지방에 있는 심양(랴오닝) 지역의 왕이라는 의미로, 원나라가 고려에 내리던 직위다. 왕고는 고려 제25대 충렬왕의 장자이자 충선왕의 이복형인 강양공의 아들로, 원래는 왕위에 오를 수 있는 혈통이나 원나라 공주의 소생이 아닌 탓에 대대로 왕이 되지 못했다. 그러니까 충선왕이 왕고의 작은아버지가 된다.

충선왕이 왕고를 총애하여 1313년(충선왕 5) 충숙왕에게 왕위를 물려줄 때 세자로 책봉했다. 왕고는 원나라로 건너가 충선왕에게 심왕 자리를 물려받고, 계국대장공주의 오빠 딸과 혼인하였다. 왕고는 1320년 즉위한 원 영종의 총애를 받게 되면서 호시탐탐 고려 왕의 자리를 노렸다. 조적은 이 심양파의 대표 격인 인물이었다.

조적은 충혜왕의 천인공노할 만행을 전해 듣고 속으로 쾌재를 불렀을 것이다. 이번 기회에 충혜왕을 몰아내고 심왕을 왕으로 옹립하리라! 조적은 군사를 이끌고 한밤중에 궁궐을 습격했다. 충혜왕은 갑작스런 공격에 놀랐지만 명궁수답게 활을 쏘며 대항했고, 여기에 궁의 군사들까지 가세하니 조적의 군사들은 당황하여 달아나기에 바빴다. 조적은 경화공주에게 달아나 도움을 구하려 했으나, 충혜왕에게 붙잡혀 죽임을 당한다.

반란을 진압한 충혜왕은 이 모든 일의 원인이 경화공주에게 있다며 공주를 만호부 관리인 임숙의 집으로 옮겨 연금시켰다. 그러나 얼마 후 이 일은 원 조정에 알려져 사신 두린頭麟 일행이 고려에 파견되었다.

두린은 개경에 당도하자 경화공주부터 찾았다. 충혜왕은 어쩔 수 없이 두린 일행이 경화공주를 만나게 했다. 공주는 두린을 만나자마자 자신이 당한 일을 다 고하였다. 두린은 공주에게 황제가 내린 술을 올리고, 충혜왕의 옥새를 빼앗아 공주에게 넘겼다. 그리고 충혜왕과 그 일당을 모두 포박하여 연경으로 압송했다.

충혜왕이 압송되고 전권을 휘두르게 된 경화공주는, 자신을 욕보이는 것을 방조한 인사들을 가두고 교체하였다. 그러나 원나라로 압송된 충혜왕은 잠시 옥에서 지내다가 고려 신하들의 도움으로 무사히 귀국하였다.

그런 일을 겪고도 충혜왕은 조금도 변하지 않았다. 도리어 더 과감해졌다. 충혜왕은 노는 데 필요한 재물을 마련하고자 상인을 시켜 원나라에서 고려의 물건을 팔게 하고, 여기서 생긴 이익금을 챙겼다. 사사로이 재물을 모으는 재미에 눈뜬 것이다. 충혜왕은 내처 '보흥고寶興庫'라는 개인 창고까지 설치했다. 왕은 고려 국내의 물산 유통망을 장악하고 백성들에게 거둔 조세와 각종 공물을 이 창고에 채웠다.

충혜왕은 본인이 직접 시장에 점포를 차리고 상인들에게 보흥고 물품들을 제공했으며, 나아가 고려에 장사를 하러 온 중앙아시아 상인들에게 돈을 빌려 주고 높은 이율의 이자까지 받아 챙겼다. 비단 노는 데에만 머리가 잘 돌아간 것은 아니었던 것이다.

신궁을 완성한 지 한 달 만에

그 와중에 환관 최화상崔和尙이 홍융洪戎의 둘째 부인 황씨가 절색이라 아뢰자, 충혜왕은 바로 황씨의 집으로 달려갔다. 홍융은 충혜왕의 어머니인 공원왕후의 오빠로, 곧 충혜왕의 외삼촌이 되고 황씨는 외숙모가 되었다. 그때 홍융은 죽은 뒤였는데, 황씨가 얼마나 미인이었는지 생전에 친척이 와도 보여 주지 않았다 한다.

충혜왕은 단박에 황씨와 관계를 맺고, 그 대가로 금은 그릇과 비단을 내렸다. 그런데 충혜왕은 이미 임질에 걸린 상태라 관계를 갖는 여자마다 족족 성병에 걸렸다. 황씨도 임질에 걸리자, 왕은 의승을 불러 병을 치료하게 했다.

또 한번은 예천군醴泉君 권한공의 둘째 부인 강씨가 예쁘다는 소문이 자자하자 왕은 심복인 박이라치를 시켜 강씨를 데려오게 했다. 그런데 박이라치가 강씨에게 반해 데려오는 도중에 정을 통하였다. 이 사실을 알게 된 충혜왕은 두 사람을 그 자리에서 때려 죽였다. 그것으로도 분이 풀리지 않아 박이라치의 부인을 억지로 범하기까

원나라의 마지막 황제인 제11대 원순제의 황후 기황후. 고려 여인인 기황후는 원나라에 공녀가 갔다가 황후가 되었다.

지 했다.

이런 충혜왕에게 꿈이 하나 생겼다. 새로운 궁궐을 지어 아방궁처럼 꾸미고 아름다운 여인들과 마음껏 노는 것이었다. 왕은 갑자기 새로운 궁 짓기에 혈안이 되었다. 도성에 충혜왕이 짓는 신궁의 주춧돌 아래 어린아이를 산 채로 묻는다는 소문이 돌 정도 민심은 흉흉해져 갔다.

그러나 민심에 관심을 기울일 충혜왕이 아니었다. 모든 관심이 신궁에 쏠려 신하들에게 궁에서 일할 예쁜 여종을 둘씩 바치라 명하니, 조정 신하들이 울며 겨자 먹기로 따르기는 해도 충혜왕에 대한 반발이 점차 커질 수밖에 없었다.

충혜왕은 자기 심복들도 거리낌 없이 해치웠다. 심복 중 최원이라는 자가 모처에 요염한 처녀가 있다고 이야기해서 찾아갔다가 노파가 나와 자기밖에 없다고 하자, 성질 급한 왕은 최원과 노파를 둘 다 죽였다.

신궁을 짓는 일이 계속 지체되자 마음이 급해진 충혜왕은 아름다운 궁녀들을 먼저 뽑기로 했다. 각 신하들에게 바치라고 명한 여인들을 북쪽 전각에 모아 놓고 길쌈을 시켰다. 그리고 드디어 신궁이 완성될 때가 가까워졌다.

신궁은 곳간마다 비단과 곡물이 그득하고 곳곳에 디딜방아와 맷돌이 있었는데, 이는 제4비인 은천옹주의 생각이었다. 행랑에는 빛깔 고운 옷차림을 한 여인을 세워 두었다. 모두 일반 백성들의 집에서 끌고 온 여인들이었다. 이 여인들 중 눈물을 흘리는 이가 있으면 그 자리에서 때려 죽였다. 그런 피와 눈물이 모여 마침내 신궁이 완성되었다.

충혜왕은 만족해 하며 아방궁을 만들겠노라 다짐했다. 그런데 하필 이때 원나라에서 사신이 황제의 조서를 들고 고려에 도착했다. 왕은 영 마땅치가 않아 병을 핑계 대며 마중을 나가지 않으려 했다. 그때 기황후(원순제의 황후)의 측근으로 먼저 고려에 와 있던 환관 고용보高龍普가 말했다.

"황제 폐하께서 왕이 불경하다 말씀하신 적이 있는데, 황제 폐하의 명을 반포하는 자리에 나오지 않는다면 진심으로 그렇게 여길 것입니다."

충혜왕은 어쩔 수 없이 백관을 거느리고 교외로 원의 사신을 마중 나갔다. 그런데 원 사신이 충혜왕이 늦게 온 것을 질타하며 왕을 걷어차고 포박하여 원으로 압송하였다. 사실 원 조정이 충혜왕의 악행을 보고받고 왕을 소환하라고 명한 것이었다.

이후 고려의 국권은 기황후의 오라비인 기철奇轍 일당에게 넘어가고, 충혜왕의 간신들도 붙잡혔다. 1343년 충혜왕 복위 4년, 꿈에도 그리던 신궁을 완성한 지 한 달 만의 일이었다.

원에 압송된 충혜왕을 보고 원순제는 말했다.

"너는 임금이 되어서 백성들을 극심하게 헐벗겼으니 네 피를 천하의 모든 개에게 먹여도 부족할 것이다. 하나 나는 사람을 죽이는 것을 좋아하지 않아 너를 게양현에 유배하니 나를 원망하지 말고 떠나도록 하라."

게양현은 지금의 광동성 지역이다. 어린 아들이 보내 준 옷 한 벌만 가지고 유배지로 떠난 충혜왕은 악양현(호남성)에 이르러 죽고 마니, 귤을 먹다 목에 걸려 죽었다는 설과 독술을 마시고 죽었다는 설이 있다. 1344년, 충혜왕의 나이 30세였다.

충혜왕이 죽었다는 소식이 고려에 전해지자, 슬퍼하는 이는 없고 방방곡곡에서 환호성이 터져 나왔다 한다. 이때 충혜왕과 덕령공주의 아들 흔昕은 불과 여덟 살로 원나라에 볼모로 있었다. 순제가 원자에게 물었다.

"그대는 아버지를 배우겠는가? 어머니를 배우겠는가?"

어린 원자는 공손히 대답했다.

"어머니를 닮겠습니다."

이 대답으로 원자는 고려 제29대 충목왕이 되었다.

세 번 죽은 고려 왕자

충혜왕의 아들 석기

충혜왕의 제4비 은천銀川옹주는 사기그릇을 팔던 상인의
딸로 태어나 단양대군丹陽大君 집 종으로 들어갔다. 단양대군은 충렬
왕의 장자인 강양공의 아들로, 심양왕 왕고의 형이자 나중에 고려의
마지막 임금 공양왕의 외삼촌이 된다.

1340년 원에서 돌아와 다시 왕위에 오른 충혜왕이 할아버지 단양대
군의 집에 들렀다가 은천옹주를 보고 그 미모에 반해 궁궐로 데리고
들어왔다. 출신이 미천하여 처음에는 궁인 임씨로만 불렸다.

그런 심보로 아들의 복잔치를 치르니

세자 시절 원나라에 있을 때 성병에 걸린 충혜왕은 여인들에게 이 병을 옮기고 지나치게 색을 밝혀서 부인들을 힘들게 했는데, 궁인 임 씨만이 이를 싫어하지 않아 충혜왕의 사랑을 받았다.

임씨가 궁에 들어가고 2년 후인 1342년 음력 2월, 충혜왕은 경상도 진 변사로 있는 홍탁의 여식이 아름답다는 말을 듣고 얼굴도 보지 않은 채 희비 윤씨에 이어 제3비인 화비和妃로 책봉하였다. 그러자 궁인 임씨가 질투하여 충혜왕에게 투정을 부렸다. 충혜왕은 임씨를 제4비인 은천옹 주에 봉했다. 은천옹주의 아버지인 상인 임신林信은 덩달아 대호군大護 軍에 제수되었다.

제3비로 책봉된 화비 홍씨는 잠시 재상 윤침尹忱의 집에 기거하며 궁에 들어갈 날을 기다리고 있었는데, 정작 화비를 본 충혜왕은 며칠 만에 걸음을 끊고 은천옹주에게 돌아갔다. 왕의 총애를 받은 은천옹 주는 바로 임신하여 1343년 아들을 낳았다. 바로 석기釋器왕자이다.

은천이 아들을 낳자 충혜왕은 아들을 위한 복잔치를 열고 아들에 게 온갖 선물을 주었다. 그런데 이때 아들에게 준 폐물은 시장 상인들 에게 빼앗은 것이었다. 개인 창고인 보흥고를 운영하고 고리대금업에 손을 대는 등 온갖 이권을 주무르면서도 굳이 상인들의 것을 빼앗아 아들에게 준 것이다. 자고로 선물에는 좋은 기운이 들어가야 복이 되 는 법.

석기의 복잔치를 하고 얼마 지나지 않은 그해 12월, 원나라에서 충

혜왕을 소환했다. 당시 고려에 있던 원나라 환관 고용보는 은천옹주
도 궁에서 쫓아냈다. 은천옹주의 아버지 임신은 충혜왕과 함께 원나
라로 소환됐다. 나중에 임신은 고려에 돌아온다.

　이듬해인 1344년 1월 충혜왕은 유배지로 가던 중 죽고, 원나라에 있
던 그의 아들 흔이 여덟 살의 나이에 고려 제29대 충목왕忠穆王이 되었
다. 왕이 너무 어려 충혜왕의 왕비인 덕녕공주가 섭정하여 4년간 나
라의 기강을 잡는 데 애썼다. 충혜왕 때 아첨하던 신하들을 귀양 보내
고, 왕기王祺를 강릉대군江陵大君으로 봉했다. 강릉부원대군은 충숙왕
의 둘째 아들로 충혜왕의 동생이니 왕(충목왕)의 작은아버지였다. 그러
나 병약했던 충목왕은 1348년 12월 열두 살의 어린 나이에 혼인도 하
지 못한 채 세상을 떠나고 말았다.

　충목왕이 후사 없이 죽자, 충혜왕의 제2비인 희비 윤씨의 아들 저眡
와 강릉부원대군이 왕위 계승자 물망에 올랐으나 원순제는 아직 열두
살에 불과한 저를 왕으로 책봉했다. 저는 1349년 7월 즉위하였다. 제
30대 충정왕忠定王이다. 그러나 2년이라는 짧은 기간에 윤시우 등 외
척이 권력을 장악하고, 충목왕의 어머니 덕녕공주와 충정왕의 어머니
희비 윤씨가 치열한 권력 다툼을 벌였다. 국정이 어수선해지자 왜구
의 침입도 잦아졌다. 지친 민심은 원에 있는 강릉대군에게 쏠렸다. 마
침내 1351년 윤택과 이승로 등 덕망 있는 문신들이 원에 서신을 보냈
다. 충정왕이 나이가 어려 국정을 감당하지 못하니 폐위시키고, 고려
의 왕을 강릉대군으로 교체해 달라고 요청한 것이다. 마침내 그해 10
월 원순제가 충정왕을 폐위하고, 그 작은아버지인 강릉대군을 왕으로

책봉했다.

공민왕의 눈엣가시

두 달 후인 12월 관례대로 10년간 원나라 연경에 머무르던 강릉대
군이 귀국하여 왕위에 오르니, 고려 제31대 공민왕恭愍王이다. 왕의
나이 스물두 살이었다. 충정왕은 강화도로 추방되었다가 다음 해인
1352년 열다섯의 나이에 독살되었다.

공민왕은 즉위하자마자 은천옹주의 아들 석기를 부산의 만덕사로
유배 보냈다. 그리고 국정을 쇄신하여 고려를 바로세우는 작업에 착
수했다. 때마침 그토록 강하게 군림하던 대륙의 원나라도 기운이 점
차 약해지고 있었다. 공민왕은 과감히 원의 정책과 간섭을 배척하는
배원排元정책을 전면에 내세웠다.

이는 원에 기대어 고려에 해를 입힌 부원파附元派 세력의 강한 불만
을 샀다. 예나 지금이나 자기 배 불리는 데에만 정신을 쏟는 사람들이
있기 마련이다. 이 부원파를 중심으로 공민왕을 몰아내고 석기왕자를
왕으로 추대하려는 음모가 일어났다.

1356년 전 호군(장군) 임중보 등이 석기왕자를 왕으로 추대하려 은
밀히 움직인다는 첩보를 들은 공민왕은 임중보를 잡아들이라 명했다.
조사해 보니 음모에 가담한 자가 줄줄이 10여 명이 넘었다. 정승 손수
경 등은 사형을 받고, 정세공 등은 장형과 감옥형을 받았다.

비록 음모에 직접 연루되지는 않았으나 석기왕자의 존재가 얼마나 위험한지를 깨달은 공민왕은, 왕자를 제주도로 유배 보냈다. 이때 호송을 담당했던 이안과 정보과 돌아와 공민왕에게 말하길

공민왕과 노국공주 초상. 국립고궁박물관.

"석기왕자가 배에 오를 즈음 스스로 바다에 뛰어들어 목숨을 끊었습니다."라고 했다. 두통거리 석기가 알아서 죽어 주다니, 공민왕은 이 사실을 서둘러 발표하고 마무리지었다. 석기왕자는 잊히는 듯했다. 이것이 석기왕자의 공식적인 첫 죽음이다.

석기의 두 번째 죽음

그런데 공민왕 22년(1373) 서북면 도순문사 평양윤 전녹생田祿生이 석기왕자의 머리라면서 참수한 머리를 개경으로 보내왔다. 이 일로 궁은 한바탕 소란이 일어난다. 석기라면 분명 17년 전 스스로 바다에 뛰어들어 죽었다고 하지 않았던가. 그렇다면 지난날 공민왕이 받은 보고는 거짓이었단 말인가.

이에 공민왕이 말했다.

"석기는 서얼(서자)이 아니고 단양대군의 종이 낳은 자이다. 손수경 등이 그를 빙자하여 변고를 일으키려고 음모를 꾸미다가 죄를 받았다. 여러 신하들이 모두 말하기를 화의 근본인 석기는 마땅히 제거되어야 한다고 하였으나, 내가 차마 즉시 처형하지 못하고 이안과 정보 등에게 명해서 제주에 보내어 안치하게 하였다. 그런데 이안 등이 돌아와서 말하기를 배에 오를 즈음에 스스로 물에 떨어져 죽었다고 하므로 서울과 지방에 그 사실을 포고하였다. 그런데 지금 서북면 도순문사 전녹생이 비밀리에 탐지했는데, 석기가 부내部內에 있으면서 흉악한 무리를 꾀어 모아 몰래 반역을 도모한 사실을 알고서 서해도 도순문사 김유金庾와 함께 즉시 가서 체포하여 그 머리를 베어서 서울에 보냈다."

공민왕도 믿기지 않는 사실이었다. 그래서 석기의 외조부인 임신을 잡아들여 신문해 보니, 석기가 살아 있었던 것이 사실이었다. 화가 난 공민왕은 지난날 거짓을 고한 이안과 정보 등을 죽이고, 석기가 살아 있음을 알고도 알리지 않은 임신도 사형에 처했다.

이것이 석기의 두 번째 공식적인 죽음이다.

세 번째, 진짜 죽음

그런데 사실 이때도 석기는 죽지 않았다. 석기라고 참수된 머리는 석기와 평소 같이 다니던 환속한 중이었다. 서른 살의 장년이 된 석기는 달아나서 지금의 강원도 산골로 숨어들었다. 더 이상 도망 다니기도 힘들고 안착하고 싶었을 것이다. 그는 그곳에서 평민 신분의 여인과 결혼하여 아들까지 낳았다.

그러나 조용하게 살고 싶었던 그의 삶은 장인으로 인해 바뀌고 만다. 아니 자기 신분을 밝힌 석기 본인의 책임이 더 클 터.

이듬해인 1374년(공민왕 23) 9월, 공민왕이 홍윤 등에게 처참하게 살해되었다. 공민왕의 나이 45세였다. 그러자 백언린白彦麟이란 자가 자기 집에 석기가 숨어 있다고 떠들고 다녔다. 석기야말로 정통성 있는 왕위 계승자라고 여긴 것인지, 먼저 고발하여 책임을 면하려고 한 것인지는 분명치 않다. 사실 백언린이 석기의 장인인지도 확실하지 않다. 이 소문은 삽시간에 개경에 퍼졌다.

이 소문은 공민왕의 어린 아들 우禑를 옹립하려던 수시중 이인임李仁任 일당의 귀에도 들어갔다. 가뜩이나 우가 왕의 혈통이 아니라 승려 신돈辛旽의 소생이라는 의심을 사고 있는 터였다. 이것이 사실이든 아니든, 우의 어머니가 신돈의 시녀 반야般若라는 점은 왕의 정통성을 흔드는 약점이 아닐 수 없었다.

이인임은 열 살의 우왕을 옹립한 이듬해 이 사실을 우왕에게 보고했다. 왕은 무관 목인길睦仁吉이 석기를 잘 안다 하여 군대를 이끌고 가서 석기를 잡아 오게 했다. 목인길이 가서 보니 석기의 용모와 말씨에 왕자의 위엄이 서려 차마 죽이지 못하고, 조정에 사람을 보내어 특별사면을 청했다. 이인임은 보고를 듣고 천민 출신의 무관 최인철崔仁哲을 보내어 목을 베게 했다. 우왕은 석기를 숨겨 준 백언린은 곤장을 때리고, 과거 석기의 생존 사실을 알고도 고발하지 않은 정량보와 이구를 각각 참형과 곤장형으로 다스렸다.

이것이 석기의 세 번째이자 마지막 진짜 죽음이다. 석기는 그의 의도와 상관없이 혼란스러운 고려의 정치 상황상 늘 역모의 핵심에 설 수밖에 없었다.

석기가 죽자 첨의평리를 지낸 양백익이 자기 집에 석기의 아이를 숨겨 주었다. 하지만 이 사실이 곧 알려져 양백익은 유배되고, 아이는 계룡산에 출가시키기로 하였다. 그러나 이 아이도 계룡산으로 가는 길에 살해되었다.

어쩌면 석기는 죽으면서 이런 말을 했을지도 모른다.

"그냥 평범하게 살게 해 주오."

날 기회주의자라 불러라

고려 명문名文 이규보

　　이인저李仁氐는 어려서부터 시문에 뛰어나 수재 소리를 듣고 자랐다. 아홉 살 때 이미 중국의 여러 사상과 역사, 도교와 불교의 문헌을 모두 섭렵하여 한 번만 읽으면 기억해 천재 소리를 들었다. 아버지는 호부시랑을 지낸 지방 향리 윤수允緩로, 아들에게 거는 기대가 매우 컸다. 인저는 한미한 집안을 일으킬 유일한 희망이었다.

　　인저의 아버지는 아들을 당시 최고의 사학기관이던 문헌공도文憲公徒에 입학시켰다. '해동공자海東孔子' 최충崔沖이 설립한 문헌공도는, 고려시대에 이름을 날린 12대 명문 사학 중에서도 첫손 꼽히는 최고의 사립 학당이었다. 과연 인저는 문헌공도에서도 두각을 보였고, 특히 시를 짓는 재능은 고려 최고라 평가받았다. 그런 청년이니 과거 시험

합격쯤은 따 놓은 당상일 줄 알았다.

규성에 보답한다고 이름까지 바꾸었는데

그런데 인저는 과거 시험에 내리 세 번이나 낙방했다. 이상한 일이었다. 한 번에 합격할 줄 알았던 시험에서 연거푸 떨어지니 주변 사람들이 괴이하게 여겼다. 가장 괴로운 사람은 뭐니 뭐니 해도 인저 본인이었다.

시험을 너무 만만히 보았나? 술 때문인가? 인저는 짐짓 아무렇지 않은 듯 다음번에는 꼭 합격할 거라 장담했지만, 마음이 무겁고 불안했다. 네 번째 과거를 준비하던 인저가 하루는 꿈을 꾸었는데 규성이 보였다. 동양 천문에서 꼽는 28수 중 열다섯째 별자리인 규성은, 예로부터 문운文運을 담당한다고 했다.

과연 고려 명종 18년(1191), 인저는 스물두 살에 생원과 진사를 뽑는 소과(예비 시험)에 합격했다. 인저는 고마운 마음에 '규성에 보답한다'는 의미로 이름도 '규보奎報'로 바꾸었다. 이듬해에는 예부시(최종 시험)까지 합격하여 진사가 되었다. 그런데 나중에 시험에서 꼴찌로 합격된 사실을 알았다. 수재 소리 듣고 자란 이규보는 자존심이 상해 견딜 수 없었다. 세 번 낙방한 것도 억울한데 꼴찌 합격이라니!

이규보는 당장 합격을 취소해 달라고 청했다. 그러나 합격 취소는 전례가 없는 일이라 이루어지지 않았다. 그래도 이규보는 자신은 언

젠가 크게 될 사람이라고 호언장담하고 다녀 뭇 사람들의 비웃음을 샀다. 어릴 적 수재는 어디가고 자꾸만 작아지는 이규보였다.

수재였던 이규보는 왜 과거 시험에 연이어 낙방했을까? 그의 문집에선 "과거(시험)의 문장을 따로 배우지 않아 그 글이 격식과 율격에 맞지 않았다"고 기술했다. 어쩌면 무신들이 옹립한 명종 아래선 크게 쓰임을 받기 어렵다고 판단하여 공부를 게을리 했는지도 모른다.

그렇게 이규보는 과거에 합격은 했으나, 이렇다 할 임용을 받지 못한 채 백수처럼 지냈다. 그나마 스물네 살 때에는 절대적인 후원자였던 아버지마저 돌아가셨다. 이규보는 천마산에 들어가 호를 '백운거사白雲居士'라 짓고 시나 쓰며 유유자적 지냈다. 우리나라 가사체 문학의 선구작으로 꼽히는 〈동명왕편東明王篇〉도 이 무렵에 씌어진 것이다.

그러나 이규보가 정치에 대한 뜻을 아예 접은 것은 아니었다. 고구려의 시조인 고주몽, 곧 동명성왕의 이야기를 280여 구의 장편 한시로 그려 낸 〈동명왕편〉은 강렬한 민족의식을 담은 작품인 동시에, 자신의 문학적 재능을 과시하여 벼슬길에 오르려는 의도를 드러낸 작품이다.

천재일우, 최충헌과의 만남

청년 이규보의 마음에는 입신양명의 희망이 늘 도사리고 있었다. 아무리 산에 들어가 살아도 문헌공도에서 같이 공부하던 동문들이 여기저기서 한자리씩 얻어 승승장구하는 현실은 못내 아팠다. 게다가

이규보의 시문집인 《동국이상국집》. 국립 중앙박물관 소장.

아버지가 돌아가신 뒤 경제적으로도 편편치 않아졌다. 〈동명왕편〉이 수록된, 고종 28년(1241)에 편찬된 이규보 문집 《동국이상국집東國李相國集》에는 이러한 이규보의 심정이 곳곳에 드러나 있다.

동문들은 모두 드날리는데 오직 나만 홀로 뒤처졌구나. 젊었던 옛 모습은 점점 사라지고 세월만 자꾸 흐른다. - 〈시랑 장자목에게 드린다〉

마침내 이규보는 작은 벼슬이라도 할 요량으로 여기저기 추천서를 부탁하기에 이른다. 자신과 같은 해에 급제한 친구의 아버지, 급제하고 한자리 하고 있는 친구 등등 그는 체면 불구하고 여기저기에 인사 청탁을 넣었지만 그를 선뜻 받아 주는 이는 없었다. 그래도 포기하지 않고 청탁을 넣은 결과, 간신히 전주의 하급 관리로 임명되었다. 그러나 지방 토호와 갈등을 겪고, 상관의 탐욕을 간언하다가 1년 6개월 만에 파면당했다.

절치부심하던 이규보는 30세(1199년)에 경상도 경주에서 반란이 일어나자 자원하여 병마녹사 겸 수제가 되어 1년간 토벌군으로 반란을 진압했다. 그런데 반란군 토벌 성공 후 이루어진 논공행상에서 이규보만 제외되었다.

장밋빛으로 시작된 이규보의 생은 청년기 이후 시련과 실패의 연속이었다. 이규보는 당시의 답답한 감정을 이렇게 써 놓았다.

지지止止란 무엇인가? 능히 그 그칠 곳을 알아서 그치는 것이다. 그칠 곳이 아닌 데서 그치면 그 그침은 그칠 곳에서 그친 것이 아니다. – 〈동국이상국집〉 〈지지헌기〉

그렇게 갈지자(之)로 왔다 갔다 하기만 하던 이규보의 삶에도 한 줄기 볕이 들었다. 당시 최고 권력을 휘두르던 무신정권의 우두머리 최충헌이 그를 보자고 한 것이다. 최충헌은 아들 최우의 청으로 이규보를 만나 보려 했으나, 그가 썩 마음에 들지는 않았다. 그래도 그 능력이나 볼까 하여 마침 뜰에 있던 공작새를 시제詩題로 시를 짓게 했다. 이 기회를 놓쳐선 안 된다!

그 자리에서 이규보는 40운에 이르도록 붓을 멈추지 않고 글을 써 내려 갔다. 그 모습을 지켜보던 최충헌은 감탄하여 눈물까지 흘렸다고 한다. 이후 이규보의 삶은 탄탄대로였다. 비록 무신정권의 지원을 업고 최충헌과 최우를 위한 글을 써서 '권신의 압객狎客'이니 기회주의자니 하는 소리를 들어도 그는 개의치 않았다.

영정중월詠井中月(우물 속의 달을 노래하다)

산속의 승이 달빛을 탐하여

병 속에 물과 달빛을 같이 길었네.

절에 이르면 비로소 알리니

병을 기울이면 달 또한 비게 된다는 것을

각 시구의 마지막 글자를 순서대로 쓰면 '색중각공色中覺空'이 된다. 세상의 부귀영화를 위한 온갖 노심초사가 한갓 공중의 달과 빈 병과 같다! 이규보가 말년에 자신을 평하여 쓴 시는 이러한 자조적인 자기 인식을 담고 있다.

수염은 거칠고 더부룩하며 입술은 두텁고 붉네.

이 어떤 사람인가 춘경春卿 과 비슷하다.

과연 춘경이라면 그림자인가.

오십 년 시세에 따른 구구한 이 한 몸이

여덟 폭의 비단 가운데 엄연히 사람과 같네.

무릇 내 자손은 나의 추한 모양을 웃지 말고,

그 마음만 전한다면 선조에게 욕되지 않으리라.

이씨 성을 가진 자가
왕이 되리니

이 의 민 , 이 의 방 , 그 리 고 이 성 계

조선에 《정감록鄭鑑錄》이
있다면, 고려에는 '십팔자위왕十八子爲
王'이 있다.

《정감록》의 내용을 요약하면, 이씨
의 한양 시대가 끝나면 정씨의 계룡산
시대가 열릴 것이라는 예언이다. '십팔

십十자와 팔八자, 자子자가 합쳐진
글자 이李.

자위왕' 설은 십十 팔八 자子를 합치면 이李, 즉 이李씨가 다음 왕이 될
것이라는 이야기다. 이 이야기는 정치가 혼란스러워진 무신정권 시대
에 여러 사람들 입에 오르내렸는데, 특히 이씨 성을 가진 이의민李義旼
과 이의방李義方의 마음을 설레게 했다.

조선에 《정감록》, 고려엔 십팔자위왕

모든 것은 고려 의종 24년(1170) 일어난 정중부의 난에서 비롯되었다. 썩어빠진 문신 귀족들의 행태에 분노한 무신들이 정권을 잡은 뒤 서로 죽고 죽이며 차례대로 고려의 최고 권력자가 되었다. 이의방―정중부―경대승―이의민―최충헌―최우―최항―최의―김준―임연―임유무. 이 100년간 고려는 무신의 나라였다.

그러나 아무리 최고 권력을 장악한 무신들이라고 할지라도 깨뜨리지 않은 불문율이 있었으니, 바로 왕씨로 이어져 온 고려왕 자리에는 손대지 않는다는 것이었다. 명종―신종―희종―강종―고종―원종까지 고려의 왕은 당연히 왕王씨였다. 그런데 이씨가 왕이 된다니! 무신 권력자 중 이씨 성을 가진 자는 이의방과 이의민, 단 둘이었다.

당시 왕들이 오얏(李, 자두) 나무를 대량 벌채하는 등 이씨의 기운을 꺾으려고 노력했다는 이야기가 전하는 것으로 보아, 십팔자위왕설은 단순히 떠도는 소문 정도가 아니었던 듯싶다. 과연 이의방과 이의민에 이어 등장하는 이름이 역성혁명의 주인공 이성계李成桂이다. 이성계는 과연 누구의 후손이었을까?

1170년 무신정변으로 의종은 폐위되고, 의종의 동생 왕호王晧가 옹립되었다. 고려 명종이다. 실질적인 권력은 무신들의 차지가 되었다. 무신들이 처음부터 권력욕에 사로잡혔던 것은 아니다. 누구나 자신이 권력을 잡으면 백성을 위한 나라를 만들겠노라 장담한다. 그러나 막상 권력을 잡게 되면 그 권력에 사로잡히게 되는 법. 게다가 이의방과 이의민은 왕으로 예언된 이씨 성을 갖고 있었다.

정중부, 이고李高와 함께 정변의 주역으로 권력을 나눠 가진 이의방은, 이듬해 이고가 야욕을 드러내자 그를 제거하며 무신정권의 일인자가 되었다. 권력은 그것을 손에 쥐었을 때 확실히 다져 놓아야 하는 법. 이의방은 그 방법을 모색했다. 역시 가장 쉬운 길은 자신의 딸을 명종의 장남인 태자 대화大華에게 시집보내는 것이었다. 대화는 1173년 21세에 태자로 책봉되었다. 태자에게 시집보내어 아들을 낳는다면…….

이의방은 앞날을 대비해 거제도에 유폐되어 있던 의종을 죽이기로 결심했다. 마침 김보당이 의종복위운동을 일으켜 의종을 없앨 명분이 생겼다. 의종은 김보당을 믿고 계림(경주)에서 기다리고 있었다. 김보당 무리를 진압한 이의방은, 11월 이의민을 보내어 의종을 살해했다. 이의민은 의종을 허리를 꺾어 잔인하게 살해한 후 곤원사 북쪽 연못에 던졌다.

이의방은 계획대로 딸의 혼사를 추진하여, 1174년 3월 이의방의 딸이 태자비로 책봉되었다. 사평왕후思平王后 이씨다. 이제 이의방의 앞길을 막는 것은 없어 보였다. 그런데 그해 9월, 서경유수 조위총이 서경(평양)에서 병란을 일으키고 철령 이북 40여 성이 이에 호응하는 사단이 터졌다. 이의방은 윤인첨을 진압군으로 보냈다가 패하자 본인이 직접 군대를 이끌고 서경으로 진격했다. 그러나 추위가 몰려와 후퇴해야만 했다. 이는 이의방의 권력을 상당히 약화시켰다. 게다가 의종을 잔인하게 살해한 일로 역적이라는 비난까지 한꺼번에 쏟아졌다.

결국 같은 해 12월, 이의방은 선의문 밖에서 정중부의 아들 균筠과 승려 종참宗旵에게 살해당했다. 그의 가문은 말 그대로 풍비박산 났고, 딸 또한 역적의 자식으로 몰려 9개월 만에 태자비 자리에서 쫓겨 났다. 그래도 이의방의 부인과 친분이 있던 이의민의 처가 이의방의 남동생 린璘을 거두어 도망가게 도와 가문의 멸화는 피할 수 있었다.

이후 정중부가 집권하다 1179년 경대승慶大升에게 죽임을 당하고, 경대승마저 1183년 젊은 나이에 병사하니 쿠데타로 옹립된 명종은 이 제 반란이 일어나지 않을까 불안하기만 했다. 명종은 경주에 내려가 있던 이의민을 불러들였다.

'십팔자위왕' 예언의 힘?

사실 이의민은 그전에 명종이 여러 차례 불러도 가지 않았다. 경대 승이 무서웠기 때문이다. 이의민은 조위총의 난을 진압하는 데 혁혁 한 공을 세워 상장군上將軍의 자리에까지 올랐다. 그러나 1179년 경대 승이 정중부를 죽였을 때 경대승이 꾸짖는 소리를 듣고 그때부터 궁에 들어가지 않았다. 조정 신하들이 역적을 없앴다고 하례하자, 경대승이 "임금을 시해한 자가 아직도 살아 있는데 무슨 축하인가?" 소리친 것이 다. '임금을 시해한 자'라면 의종을 살해한 이의민 자신이 아닌가.

게다가 명종 11년(1181)에는 경대승이 처형되었다는 잘못된 정보를 듣고 기뻐했다가 아예 경대승의 눈 밖에 났다. 이후 이의민은 경대승이 두려워 병을 핑계 대고 고향으로 돌아와 버렸다. 그랬으니 아무리 경대승이 죽었으니 올라오라고 권해도 도통 말을 듣지 않았다.

명종은 애가 탔다. 혹 이의민이 딴마음을 먹는다면 속수무책일 수밖에 없었다. 왕은 이의민에게 공부상서 벼슬을 주고 사자까지 보내어 구슬렀다. 마침내 이의민이 궁에 오니, 왕은 속으로는 두려워하면서도 환대하며 위로했다.

경주 천민 출신의 이의민은 키가 8척에 힘이 장사였다. 안남국(베트남) 리왕조의 후손이라는 이야기도 있지만, 소금 장수 아버지와 사찰 노비였던 어머니 사이에서 태어났다는 것이 정설이다. 기골이 장대하고 힘이 세서 의종의 총애를 받다가, 무신의 난 당시 가장 많은 문신들을 죽였다.

경대승 사후 10년간 이의민은 최고 권력을 휘두르며 갖은 악행을 저질렀다. 특히 그의 아들 이지영과 이지광은 백성들 사이에서 '쌍도자雙刀子'(쌍칼)라 불릴 정도로 악명이 높았다. 길가에서 여자를 함부로 겁탈하다가 명종의 애첩까지 겁탈하는 사건이 일어났으나, 명종은 아무런 조치도 취하지 못했다.

이의민은 최고 권력자로 만족하지 않았다. 본인이 직접 왕이 되고자 했다. 그 근거가 이씨가 왕이 된다는 십팔자위왕설이었다. 글자를 깨치지 못한 그는 무당을 굳게 믿어 집에 두두리신(경주 토속신)을 모시는 사당까지 직접 차려 놓고 왕이 되기를 기도했다.

1193년 신라 부흥을 도모하던 김사미와 효심이 난을 일으키자, 이의민의 아들 이지순과 대장군 전존걸이 토벌군으로 내려갔다. 이때 이의민은 아들 이지순을 시켜 남몰래 반란군을 도왔다. 혹시 반란이 성공하면 자신이 왕위에 오르려 한 것이다. 이를 알게 된 대장군 전존걸이 이를 조정에 알리지 못하고 고민하다가 자살했다.

그런데 1196년 일명 '비둘기 사건'이 터진다. 이의민이 아들 이지영이 최충헌의 동생 최충수의 비둘기를 훔쳐, 최충수가 돌려달라고 이지영의 집에 찾아갔다. 그런데 이지영은 되돌려 주기는커녕 최충수를 결박하고 모욕했다. 최충수는 제대로 열이 올랐다. 형 최충헌을 찾아가 억울함과 분함을 눈물로 호소하며 이의민을 같이 없애자고 청하였다.

아무리 그래도 최충헌과 최충수는 음서蔭敍(공신이나 고관 자제를 시험 없이 관리로 채용하는 것)로 등용된 명망 있는 가문 출신이었고, 이의민은 최고 권력자였지만 천민 출신이었다. 최씨 형제는 그간 이의민이 저지른 악행을 명분으로 내걸고 미타산 별장에 있던 이의민을 살해하고 그 목을 길거리에 효수했다. 이지영, 이지순, 이지광 등 이의민의 아들들도 최충헌에 의해 모두 목이 날아갔다.

여기서 잠깐! 앞서 이의방 일가가 정중부 일당에게 멸문지화를 당했을 때 이의민의 부인이 이의방의 동생 이린을 거두어 도망가게 했다고 했다. 이때 이린은 동북면(함경도 이남부터 강원도 삼척 이북 지역)으로 도망가 자리를 잡고 세를 이루었는데, 그 6대손이 바로 전주 이씨 이성계이다. 결국 '십팔자위왕'의 예언이 맞아떨어진 것인가?

28

형이냐 동생이냐,
선택하지 않은 죄

이 성 계 의 일 곱 번 째 왕 자 무 안 군 이 방 번

태조 7년(1398) 10월 5일(음력 8월 25일), 태조 이성계와 신덕왕
后神德王后 강씨의 장자 이방번李芳蕃은 방 안에 칩거 중이었다. 그런데
아침까지만 해도 맑던 하늘에서 갑자기 우박이 쏟아지고 세찬 비바람
이 몰아쳤다. 하늘을 올려다보던 방번은 불길한 생각에 몸서리쳤다.

'가담했어야 했나? …… 아버님께 알렸어야 했을까? ……'

방번은 이내 고개를 가로저었다.

'이럴 땐 잠자코 있는 것이 상책이지. 비가 올 땐 비를 피하는 것
이……'

그때 갑자기 밖이 소란해지더니 여기저기서 다급한 외침이 들렸
다. 방번은 일이 터졌음을 직감했다. 역시 피할 수 없는 비였단 말인

가……. 방번은 후회하고 후회했다. 그의 나이 열일곱이었다.

조강지처'자'를 버린 무정한 아버지

조선의 태조 이성계에게는 부인이 두 명 있었다. 이성계가 아직 무명의 장수이던 시절에 고향에서 맞이한 향처鄕妻 한씨와, 그가 삼선·삼개의 난을 진압하며 입신양명할 때 개경에서 얻은 권문세가의 딸 강씨였다. 고려시대에는 고향에 향처를 두고, 서울에서 새로 혼인하여 경처京妻를 두는 풍습이 있었다.

이성계는 한씨와의 사이에서 방우·방과(정종)·방의·방간·방원(태종)·방연의 6남 2녀를 두고, 21세의 연하 강씨에게선 방번·방석 2남 1녀를 얻었다.

한씨는 남편이 전쟁터를 전전하는 동안 고향에서 집안의 대소사를 도맡아 처리하며 여덟 명의 아이들을 잘 키웠다. 그러나 이성계가 무장으로 이름을 얻은 뒤 개경에서 권문가의 딸 강씨와 혼인한 뒤 조강지처를 돌보지 않아 한씨의 소생들은 불만이 컸다. 결국 한씨는 조선 개국 1년 전에 지병인 위장병이 악화되어 죽는다.

조선 개국 후 이성계는 강씨를 왕비로 책봉하여 정비正妃로 삼고, 1년 후 한씨를 왕비로 추존했다. 한씨가 서열상 차비次妃가 된 것이다. 더욱이 태조 1년(1392) 이성계는 자식들의 불만을 아는지 모르는지, 겨우 열한 살에 불과한 강씨 소생의 방석을 세자로 책봉했다. 이는 물론

형이냐 동생이냐, 선택하지 않은 죄_이성계의 일곱 번째 왕자 무안군 이방번

왕권을 경계하고 재상이 국정을 이끄는 신권臣權정치를 지향한 정도전·조준·남은 등 조선 개국공신들이 주도한 일이었지만, 왕자 서열 8위의 방석이 세자가 된 것은 이방원 등이 보기에 납득하기 어려운 결정이었다.

그런데 태조 5년(1396) 강씨가 병으로 사망하자 이성계는 강씨를 추모하여 왕후로 추봉했고, 이에 따라 한씨는 후궁으로 전락하고 말았다. 한씨 소생 왕자들의 분노는 극에 달했다. 더욱이 정도전 일파가 왕실의 힘을 약화시키고자 왕실 권력의 기반인 사병私兵을 혁파하려 하자, 수세에 몰린 방원은 한씨 소생 왕자들과 함께 1398년(무인년) 8월 25일 사병을 동원하여 난을 일으키게 된다. 방원의 난 혹은 무인정사戊寅靖社라 불리는 제1차 왕자의 난이다.

"우리와 함께하겠느냐?"

"방번이 있느냐?"

제1차 왕자의 난이 일어나기 며칠 전이었다. 늦은 밤, 다섯째 형 방원의 방문을 받은 방번은 깜짝 놀랐다. 둘은 어머니가 다른 이복형제였지만, 방원은 그래도 방번을 나름 아끼고 있었다.

"얼굴이나 한번 보러 들렀다. 그래 세자 자리를 동생에게 빼앗겼는데 속이 괜찮은 게냐?"

방번은 정곡을 찌르는 방원의 말에 잠깐 놀랐으나 그냥 웃어 넘겼다.

"제가 어찌할 도리가 있겠습니까. 제가 경솔해 세자 자격이 없다는 데……."

방번은 술상을 내오라 시키고는 이방원의 안색을 살폈다. 이 야심한 밤에 방원이 그냥 위로차 자신을 찾았을 리 없다.

방원은 조선 개국에 공로가 컸지만 세자 책봉에서 제외되었다. 사실 정통성을 따진다면 첫째 왕자인 이방우가 세자가 되어야 맞지만, 방우는 이성계가 위화도 회군을 하자 가족들을 데리고 철원 보개산으로 숨어들어가 세상과의 단절을 선포하였다. 그러자 세자 책봉 문제가 이제 막 개국한 조선의 뜨거운 감자로 떠올랐다. 이성계와 신덕왕후 강씨는 일찍부터 방번을 세자로 마음에 두었으나, 정도전 등이 방번은 경솔하다며 꼭 강씨 소생으로 세자를 삼아야 한다면 막내인 방석이 좋겠다고 했다. 그리하여 조선의 세자 자리는 왕자 중에서 가장 어린 방석으로 정해졌다.

방번인들 왜 속이 쓰리지 않겠는가. 다 된 밥에 재 뿌린다더니, 코앞까지 왔던 세자 자리를 동생에게 빼앗겼으니. 배고픔은 참아도 배 아픈 건 못 참는다더니……. 그러나 어쩌겠는가.

다섯째 형 방원은 가볍게 움직일 사람이 아니었다. 냉철하고 민첩하며 용감하기가 호랑이 같은 사내. 그러나 모두 무서워하고 어려워하는 방원도 방번에게는 늘 자상한 형이었다. 비록 강씨 소생이기는 하나 자신을 잘 따르는 방번을 방원은 내치지 않았다.

두 사람은 술상을 마주하고 앉았다. 방원은 아우가 따르는 술을 받으며 물었다.

형이냐 동생이냐, 선택하지 않은 죄_이성계의 일곱 번째 왕자 무안군 이방번

"그래 너에게 나는 어떤 형이냐?"

방번은 당황했으나, 재차 묻는 방원에게 대답했다.

"형님께서는 저에게 늘 어렵고 높게 솟은 산과 같습니다. 뒷모습을 보고 있으면 그 모습이 사뭇 듬직하여 제 형님인 것이 뿌듯하고, 앞모습을 보고 있으면 천하의 기상이 느껴져 두려울 것이 없습니다. 비록 동복은 아니지만 형님은 제게 피를 나눈 형제보다 더 뜨거운 형님이십니다."

"하하하! 이놈이 집에 박혀 뭐하나 했더니 공소리만 늘었구나."

방원은 내처 방석의 세자 책봉이 정당하다 생각하느냐고 물었다. 방번은 어쩔 줄 몰라 말끝을 흐렸다. 그러자 방원이 강경하게 되물었다.

"정당하다고 생각하지는 않지만 아버님이 정하신 일인데……."

"그럼 넌 정도전이 말하는 재상의 나라가 옳다고 생각하느냐?"

방번의 등에선 식은땀이 흘렀다.

"왕권은 선장과 같다. 선장의 명 없이 배가 잘 항해할 수 있을 것 같으냐. 서로 옳다고 싸우다가 표류하거나 침몰할 것이다. 정도전의 생각은 생각일 뿐이다. 정도전 그 늙은 여우는 우리를 다 죽일 것이다. 지금 우리가 정도전을 쳐야 한다. 요동 정벌은 무슨 요동 정벌이냐? 사병을 몰수해서 우리의 팔다리를 치려는 수작이지. 나를 포함한 우리 형제들은 먼저 정도전을 칠 것이다. 그리고 방석도 없앨 것이다. 그래서 잘못된 세자 책봉 문제를 바로잡을 것이다. 우리 형제들과 함께하겠느냐?"

청천벽력과도 같은 말이었다. 방번은 머릿속이 하얘지는 것 같았다. 대답은커녕 그저 눈만 크게 뜬 채 형을 바라보았다.

"허허, 이놈이 겁을 먹었나. 잘 생각하거라. 우리는 정도전을 친다. 그리고 잘못된 세자 책봉 문제를 바로잡을 것이다. 이것은 너를 생각해서 내가 손을 내미는 것이다. 잘 생각하거라."

방원이 돌아간 후에도 방번은 아무 말도 아무것도 할 수 없었다. 그 피바람을 어찌 감당해야 하나. 게다가 동복동생인 방석을 죽이는 일이라니……. 그렇다면 이 일을 아버님과 정도전에게 알려야 하나? 그러나 정도전은 자신에게 경솔하다고 악담을 퍼붓지 않았던가. 혹 방원이 마음을 떠보려고 일부러 한 말이라면?

방번은 몇 날 며칠 동안 잠을 이루지 못하고 고심했지만 답은 나오지 않았다. 그저 이 소용돌이가 자신을 비켜 가기만을 바랐다.

운명의 10월 5일. 방원은 방의, 방간 등의 동복 왕자들과 함께 이숙번, 민무구, 민무질, 조준, 하륜 등을 이끌고 군사를 일으켰다. 제1차 왕자의 난이다. 남은 집에 있던 정도전과 남은 등은 죽고, 세자 방석은 폐위되어 귀양을 가는 도중에 살해당했다. 이방번 역시

서울시 강남구에 있는 무안대군 신도비. 1694년 무안군의 9세손 이선李選이 신도비를 세우고자 하자, 영중추부사 송시열이 그 시말을 짓고 11세 후손이 글씨를 써서 세웠다.

도성 밖으로 쫓겨나 조준 등에게 살해되었다.

　이방번은 죽음을 앞에 두고 이방원과 함께하지 않은 것을 후회했을까? 아니면 아버지 이성계에게 미리 알리지 않은 것을 후회했을까? 이방번만이 알 것이다.

명나라 황제가 사랑한
조선 여인들

영 락 제 와   조 선 의   공 녀

중국 명나라의 전성기를 이끈 제3대 영락제永樂帝는 조선
의 제7대 왕 세조와 여러모로 비슷한 인물이다. 명태조 홍무제(주원장)
의 넷째 아들로 태어나 지방을 다스리다가, 1402년 적통 조카인 건문
제를 무력으로 내쫓고 황제가 되었다.

영락제 주체朱棣는 나라의 수도를 난징南京에서 베이징北京으로 옮
기고, 세계에서 가장 큰 자금성을 세우고, 만리장성과 대운하를 정비
하고, 주변 지역을 대규모로 정벌하여 국경을 넓혔다. 세계사에 길이
남을 '정화의 서방 대원정'도 영락제가 기획한 것이다. 영락제 시기 명
나라는 전성기를 누렸다. 그러나 영락제는 업적도 많지만, 고집스럽
고 잔혹한 성격으로 수많은 이야기를 남겼다.

여미인이 현인비 권씨를 독살했다고?

영락제는 자신을 거역하는 자는 그야말로 십족十族을 멸했다. 혈연 관계가 아니어도 그 친구에 친구까지 찾아 죽였다. 특히 말년에 궁녀 3천 명을 직접 신문하고 죄를 물어 죽인 일은 유명하다. 그런데 그 내막을 살펴보면, 조선에서 보낸 궁녀가 사건의 핵심에 있어 흥미롭다.

고려 원나라 때부터 보내기 시작한 공녀貢女는 조선시대까지 이어졌는데, 태종 때는 진헌색進獻色이라는 임시 관청까지 설치하여 명나라에 조공할 물품과 처녀들을 뽑았다. 실록의 기록을 보면, 조선 처녀들에게 결혼금지령을 내리고 미인들만을 가려 뽑아 명나라에 보냈다한다. 이렇게 조선에서 조공한 처녀 중 특히 권씨가 영락제의 총애를받아 후궁인 현인비賢仁妃가 되었다.

권씨는 아름답기도 했지만, 노래와 춤에 능하고 옥소도 잘 연주하여 영락제가 어여삐 여겼다. 영락제는 일찍이 명나라 개국공신인 서달의 딸과 혼인했는데, 그녀는 영락제가 황제 자리에 오른 지 5년 만인 1407년 병으로 세상을 떠났다. 황제는 황후 자리를 비워 놓은 채 귀비貴妃 왕씨와 현인비 권씨를 가까이 두고 지냈다. 특히 권씨는 출정할 때 데리고 떠날 정도로 아꼈다.

그런데 1410년 황제의 북방 정벌에 따라갔던 권씨가, 황제의 군대가 승리하고 돌아오는 도중에 병을 얻어 그만 죽고 말았다. 영락제는 무척이나 상심했다. 당시 황궁에는 조선 공녀 출신의 여呂씨가 두 명있었다. 한 명은 상인의 딸이었고, 그보다 먼저 온 여씨는 영락제의 후

명나라의 제3대 황제 영락제.

궁으로 여미인呂美人으로 봉해져 있었다.

상인의 딸 여씨는 여미인에게 성씨도 같고 같은 조선 사람이니 친하게 지내자고 했다. 그러나 여미인은 상대가 상인의 딸이어서 그랬는지, 아니면 다른 이유 때문인지 이를 거절하였다. 자존심이 상해 여미인에게 악감정을 품게 된 여씨는, 현인비 권씨가 죽은 것은 여미인이 권씨의 차에 독약을 넣었기 때문이라고 거짓으로 이야기하고 다녔다.

1414년 이 이야기를 우연히 전해 들은 영락제는 자세히 조사해 보지도 않고 여미인을 단근질하여 죽이고, 여미인과 관련된 궁녀와 환관들까지 모조리 주살했다. 이 일이 조선 조정에도 알려져 여미인의 여씨 일가를 몰살하자는 이야기가 나왔지만, 태종은 밖의 일은 모르는 것이라며 더 이상 사건을 확대하지 않았다.

그로부터 몇 년이 흐른 1420년(영락 18), 영락제가 권씨와 함께 총애한 후궁 왕귀비마저 세상을 떠났다. 이미 60세가 된 영락제는 세상의 모든 기쁨을 잃어버린 듯 슬퍼했다.

3천 궁녀를 주살한 '어여의 난'

그런데 이때 상인의 딸인 궁녀 여씨와 또 다른 궁녀 어씨魚氏가 나이 어린 환관과 정을 통한 사건이 들통 나서 황궁이 다시 한 번 발칵 뒤집혔다.

이 무렵 영락제는 새로 지어진 자금성으로 옮겨 가 살았다. 자금성에는 오직 황제만 바라보며 사는 수천 명의 궁녀들이 2천 개의 방에 가득했다. 그러나 황제 한 명이 어찌 수천의 여인을 거느릴 수 있을까. 드넓은 황궁 안에서 외롭게 생활하던 궁녀들은 간혹 젊은 환관들과 정을 통하거나 궁녀들끼리 동성애에 빠지기도 했다.

영락제는 화가 났지만, 처음 있는 일도 아니어서 그냥 덮고 넘어가려고 했다. 그러나 궁녀 여씨와 어씨가 같이 목을 매어 자살하면서 일이 커졌다. 아니, 덮어 주려 했건만 왜 스스로 죽는단 말인가.

갑자기 의혹을 품게 된 영락제는 죽은 여씨와 어씨를 시중들던 몸종들을 직접 심문하기에 이르렀다. 그 과정에서 놀라운 사실이 밝혀졌다. 지난날 현인비 권씨를 독살한 혐의로 주살당한 여미인이 사실은 무고를 당한 것이고, 여미인을 모함한 이가 바로 자살한 여씨라는 것이다.

갈수록 태산이라더니. 영락제는 비단 이 건만 그런 것이 아닐 거라고 믿었다. 그래서 여씨, 어씨와 관계된 궁녀와 환관들을 모두 불러다가 직접 심문했다. 당연히 자백을 강요하는 가혹한 고문이 이어졌고, 고통을 견디지 못한 여씨의 몸종이 황제를 시해하려 했다고 거짓으로 자복하고 말았다.

분노한 영락제는 심문장에 끌려온 궁녀들을 직접 잔인하게 고문하고 죽였다. 이렇게 죽임을 당한 궁녀가 거의 3천 명에 이르렀다. 그중 어떤 궁녀는 "자기 양기가 쇠하여 젊은 내시와 간통한 것인데, 누구를 탓하느냐?"며 영락제 면전에 욕을 퍼붓기도 했다.

이 사건에 연루되어 조선의 공녀 임씨와 정씨가 목을 매어 자살하고, 황씨와 이씨가 국문을 받고 참형을 당하였다. 국문장에서 황씨와 이씨는 정반대의 태도를 보였다. 황씨는 가혹한 고문을 이기지 못하여 죄 없는 사람들을 끌어들였고, 이씨는 어차피 죽을 몸이니 떳떳이 죽겠다며 아무 말도 하지 않고 죽었다. 이것이 어씨와 여씨의 간통 사건이 발단이 된 '어여의 난'이다.

황제 능에 순장된 한씨 여인

그 일이 있은 후에도 영락제는 조선에서 계속 공녀를 받았다. 그중에는 태종 대의 문신 한확韓確의 아리따운 누이도 있었다. 영락제는 한씨 여인을 몹시도 아껴 후궁으로 삼는 한편, 한씨의 오라비인 한확을 명나라로 불러 광록시소경光祿寺少卿이라는 벼슬을 내렸다. 뿐만 아니라 조선으로 칙사를 보낼 때마다 한씨의 친정에 각종 선물을 보냈다.

그러나 아무리 기개가 담대하고 포악한 황제라도 세월을 거스를 수는 없는 법.

1424년 8월 11일, 명성제明成帝 영락제는 이미 늙은 몸으로 몽골을 정벌하러 갔다가 고비사막에서 숨을 거두었다. 그의 나이 64세였다. 영락제의 시신은 북경으로 옮겨져 성대한 장례식이 치러졌다. 이때 생전에 황제를 모신 후궁들도 영락제의 시신과 함께 능에 매장되었다. 한확이 누이 한씨도 그 속에 있었다.

영락제와 함께 순장된 후궁은 30여 명에 이르렀다. 죽는 날 모두 뜰에 모아 놓고 음식을 먹인 뒤 함께 마루에 끌어 올리니, 곡성이 전각을 진동시켰다. 마루 위에 나무로 만든 작은 평상을 놓아 그 위에 서게 하고, 올가미를 만들어 머리를 그 속에 넣게 하고 평상을 떼어 버리니, 모두 목이 매여 죽었다. 한씨가 죽을 때 김흑(유모)에게 이르기를, "유모! 나는 가요. 나는 가요."라고 하였는데, 말을 마치기 전에 곁에 있던 환관이 걸상을 빼내 죽었다고 한다.

"유모! 나는 가요. 나는……."

나이 어린 조선의 공녀는 그렇게 말을 끝맺지 못한 채 떠났다.

누이 둘을 바치고
최고의 권력을 쥐다

조 선 전 기 의 문 신 한 확

"어쩌나 산송장이 지나가네."

"쯧쯧, 불쌍해서 어째……."

"권력이 좋긴 좋은가 보네. 언니가 순장을 당한 것도 애석한데, 그 동생까지 저승길로 보내고……."

한확이 막내 누이인 계란桂蘭을 명나라 공녀로 보내는 길. 수많은 사람들이 길거리에 나와 쑥덕거렸다.

그 소리는 떠나는 계란의 귀에도 들어왔다. 가뜩이나 한스러운 마음에 눈물이 하염없이 흘러내렸다.

'이제 이 땅을 다시 밟아 볼 수 있을까. 어머니를 다시 뵐 수 있을까.'

조선을 떠나는 계란은 모든 것이 마지막인 듯 서럽고 아팠다.

세종도 어쩌지 못한 황제의 처남

1427년(세종 9) 세종은 명나라에 바칠 공녀를 선발하라고 명했다. 이때 진헌부사 한확의 누이가 또다시 공녀로 뽑혔다. 열일곱 꽃다운 나이의 계란은 한확의 막내 누이였다. 몇 해 전 계란의 언니 한씨도 공녀로 명나라에 끌려갔다. 그리고 다행인지 불행인지 명성제(영락제)의 총애를 받아 여비麗妃가 되었다가, 1424년 황제가 사망하면서 같이 순장되었다. 청주 한씨 한영정과 그 부인 김씨가 낳은 3남 2녀 중 딸 둘이 모두 공녀가 된 것이다.

먼저 끌려간 한씨는 집안이 가난하여 어쩔 수 없이 공녀가 되었는데, 영락제가 한씨를 사랑하여 여비로 삼고 그 오빠인 한확에게 벼슬을 내리는 것도 모자라, 한확을 손녀의 사위로까지 삼으려 했다. 비록 한확이 거절하여 이루어지진 않았으나, 이후 한씨 집안은 조선에서 부와 권력을 거머쥔 내로라하는 가문으로 승승장구했다. 명 황제의 비호를 받으니 아무리 조선의 왕이라도 해도 한확을 어쩌지 못했다.

일례로 세종 때 한확이 전감무 김성정의 첩이 낳은 딸 고미古未와 간통했다가 들통 난 사건이 있었다. 사헌부집의 정연과 윤맹겸 등이 왕에게 한확을 탄핵하라고 청하자, 세종은 이렇게 말했다.

"이 사람은 내가 벌줄 수 없는 사람이다."

한확의 위세가 이 정도였다. 그러나 여비 한씨가 영락제를 모신 지 7년 만에 황제가 사망하면서 여비는 20대의 창창한 나이에 땅에 묻히고 말았다. 명나라에는 황제가 죽으면 황제를 모시던 궁녀 중 아이가 없는 궁녀를 같이 능에 묻는 풍습이 있었다.

여비 한씨는 죽기 직전에 영락제의 아들 홍희제에게 자신의 유모인 김흑만은 고국으로 돌아갈 수 있게 해 달라고 청했다. 그 청이 간곡하여 김흑은 여비가 순장당한 후 조선으로 돌아올 수 있었다.

첫째 누이가 그처럼 안쓰럽게 죽은 지 몇 년이나 지났다고 막내 누이인 계란마저 명나라의 공녀로 보내다니. 여비야 집안이 가난해서 어쩔 수 없었다고 쳐도, 이제는 부와 권력까지 쥔 마당에 한확이 또다시 누이를 공녀로 보내자 다들 비난하며 쑥덕거렸다.

계란도 언니가 먼 나라에서 어떻게 죽었는지를 잘 알았다. 그래서 공녀로 선발되고 얼마 안 있어 병이 났을 때 한확이 약을 건네 주니 울면서 이렇게 쏘아붙였다 한다.

"누이 하나를 팔아서 이뤄 놓은 부귀가 이미 극진한데 이제 무엇을 위하여 약을 쓰려 하오?"

계란은 어머니가 시집보낼 때 준다고 장만해 놓은 침구를 칼로 찢고, 가진 재물을 친척들에게 다 나눠주고 명나라로 떠났다.

인생이 이와 같으면 유감이 없을 것이니

계란이 바로 명나라 선덕제의 후궁 공신부인恭愼夫人 한씨다. 홍희제는 2년을 넘기지 못하고 48세의 나이에 죽고, 1425년 제5대 황제 선덕제宣德帝가 즉위하였다. 계란은 선덕제의 눈에 들어 후궁이 되었으

명나라의 제5대 황제 선덕제.

나, 공녀로 간 지 8년 만에 선덕제도 세상을 떠났다.

모두 '산송장'이라 불쌍히 여긴 공신부인 한씨는, 그러나 선덕제 사후에도 정통제(영종), 경태제(대종), 성화제(헌종) 등 57년간 모두 네 명의 명 황제를 섬기며 잘살았다. 1483년 한씨가 74세의 나이에 세상을 뜨자, 선덕제의 손자인 헌종 성화제가 매우 슬퍼하며 '공신恭愼'이라는 시호를 내렸다. 이때 성화제가 한씨의 죽음을 애도하며 내린 제문을 보면 공신부인이 명나라에서 어떻게 살았는지를 조금이나마 짐작할 수 있다.

부인께서는 온유경신하여 아름답고 착함이 칭찬하기에 족하며 궁중의 일을 맡아 오랫동안 공로가 드러났고 수복壽福이 강녕康寧하여 마땅히 큰 복을 누릴 것인데 병으로 세상을 떠나신 부음을 들으니 슬픔에 탄식하옵니다. …… 아아! 살아서는 어질고 착하셨으며 돌아가서는 영화로운 이름을 얻으셨습니다. 인생이 이와 같으면 유감이 없을 것이니 부인께서는 흠향하옵소서.

두 누이를 명나라 공녀로 보내어 둘 다 명나라 황제의 후궁으로 만든 한확은, 조선에서 크나큰 부富뿐만 아니라 확고한 지위까지 얻었다. 1438년(세종 20) 중추원사, 이듬해 경기도관찰사, 병조판서 · 함길도관찰사 · 한성부판사 · 중추원지사 겸 병조판서를 거쳐 이조판서, 1451년(문종 1) 중추원판사로 다시 명나라에 다녀온다.

그 와중에 왕실과 사돈을 맺어 딸 중 하나는 세종의 서자 계양군에게 시집보내고, 다른 딸은 수양대군의 며느리로 보낸다. 세조가 아직 수양대군이던 시절에 딸을 그 며느리로 들여보낸 것에서 그의 정치적 야심을 엿볼 수 있다. 9촌인 한명회의 권유로 계유정난을 함께했으니 정치적 감각도 있었다.

한확은 1453년(단종 1) 계유정난 때 좌찬성으로 사돈인 수양대군을 도와 정난공신 1등에 책록되고, 서성부원군에 봉해지며 우의정에까지 올랐다. 한확의 딸은 세자비가 되었다. 그러나 1457년 수양대군의 장남, 곧 학확의 사위 원명原明이 왕위에 오르지 못한 채 스무 살에 요절하고 말았다. 한확은 그보다 먼저 1455년(세조 1) 좌의정이 되어 세조의 왕위 찬탈을 명 조정에 납득시키고 돌아오던 길에 객사하였다.

이제 한확의 시대는 끝나는가 싶었다. 그런데 1468년 세조의 둘째 아들 명조明照가 즉위했다가 재위 13개월 만에 세 살짜리 원자를 남기고 요절한다. 예종이다. 온 조정이 왕위 계승 문제로 시끄러울 때 남편 원명이 요절하여 사가에 나가 있던 한확의 딸에게 다시 기회가 찾아왔다. 예종의 아들은 왕이 되기에 너무 어렸다. 세조의 부인 정희왕후貞熹王后는 한씨의 둘째 아들인 자을산군을 후계자로 지목하였다. 바로 조선의 제9대 왕인 성종이다. 정희왕후는 열세 살의 자을산군을 왕위에 앉히고 대왕대비로서 8년간 수렴청정했다. 이때 성종은 세자로서 요절한 아버지 원명을 덕종으로 추존하고, 한확의 딸인 어머니를 인수대비仁粹大妃(소혜왕후昭惠王后)로 책봉했다.

　이후 인수대비가 어떻게 성종의 후궁인 윤씨를 폐위시켜 사약을 내리고, 그 소생인 연산군과 대립했는지는 잘 알려진 사실이다.

한날한시에 태어난 왕과 여인

조 선 성 종

세조의 손자로 조선 제9대 임금인 성종은 호기심이 많았
던 모양이다. 하루는 자신과 사주가 같다면 그 사람은 어떻게 살고 있
을까 하는 의문이 들었다. 성종 혈娎은 1457년 음력 7월 30일생이었
다. 궁금증을 참을 수 없었던 성종은, 어느 날 믿을 만한 신하를 조용
히 불렀다.

"좋은 날을 잡아 과인과 한날한시에 태어난 사람을 찾아서 은밀히
데려오라."

명을 받은 신하는 온 나라를 샅샅이 뒤진 끝에 성종과 한날한시에
태어나 사주가 똑같은 한 여인을 데리고 왔다.

사주가 만들어 낸 기이한 우연

평소 사주四柱에 대한 믿음이 컸던 성종은, 남자가 아닌 여인을 보자 조금 놀랐지만 그래도 여인의 행색을 찬찬히 살펴보았다. 미모가 뛰어난 여인이었다. 왕 앞에서도 굴하지 않는 모습과 왕이 묻는 말에 거침없이 답하는 품새가 여느 여인들과는 사뭇 달랐다. 재색을 갖춘 여걸 느낌이랄까. 성종이 물었다.

"그래, 너는 어디에 사는 누구냐? 네가 살아온 이야기를 한번 고해 보거라."

서울에 산다는 여인은 자신이 지금까지 살아온 삶을 말하기 시작했다.

"조상 대대로 좋은 가문에서 태어난 저는 가문의 보살핌으로 어릴 때부터 총명하고 지혜가 많았다고 합니다. 그래서 그랬는지 아버님께서는 저를 유별나게 사랑해 주셨습니다. 혼기가 되자 아버님이 인품이 반듯한 선비와 저를 혼인시켜 주셨으나, 남편이 급작스런 변고를 당하여 청상과부가 되고 말았습니다. 남자의 정을 모르는 청상과부인지라 밤이면 남모르는 슬픔과 번민으로 독수공방 지새우다 낮이 되면 양반 체면인지라 사서를 탐독하며 세월을 보내고 있습니다."

여인의 말에는 뭔가 석연치 않은 점이 있었다. 사주가 같아도 삶의 행로는 전혀 다를 수 있구나. 사주가 믿을 만한가? 그러나 이 여인이 거짓을 고하고 있다면? 성종의 눈빛이 엄하게 변했다.

"네가 모든 것을 솔직하게 털어놓는다면 지금까지 한 말을 묻지 않겠으나, 계속 거짓말로 나를 희롱한다면 살아남지 못할 것이다."

성종의 엄중한 말에 여인은 깜짝 놀라 눈물을 흘리며 말했다.

"죽을죄를 지었습니다. 천한 이 계집을 죽여 주십시오. 다시 고하겠나이다. 다른 이야기는 사실이나 부자라 했던 말은 거짓입니다."

성종은 침묵하며 다음 말을 기다렸다.

조선시대에 간행된 사주책인 《본사주격本四柱格》. 국립중앙박물관 소장.

"사실은 가난한 집에서 태어나 종살이를 하다가 어렵사리 주인집에서 면천시켜 주었습니다. 그리고 운 좋게 중매로 혼인까지 했으나 남편이 죽었습니다."

성종은 여인이 노비의 신분에서 벗어난 날과 남편이 죽게 된 연유를 자세히 캐물었다. 놀랍게도 여인이 노비에서 평민이 된 날과 자신이 왕이 된 날이 같은 날이었다. 그리고 여인의 남편이 죽던 날, 왕비 공혜왕후恭惠王后가 세상을 떠났다. 영의정 한명회의 넷째 딸인 공혜왕후는 1467년(세조 13) 가례嘉禮(혼례식)를 올리고, 1474년(성종 5)에 죽었다. 당시 나이 열아홉이었고, 아이도 없었다.

성종은 이 같은 우연이 기이하게 느껴졌다. 그런데 왜 청상과부에 독수공방이란 말인가?

열세 명의 아내 vs 열세 명의 남첩

　성종은 삶의 중요한 시점이 놀랍게도 자신과 일치하는 여인이 과부가 되어 외롭게 산다는 말이 이해가 되질 않았다. 여인이 노비에서 풀려난 날 자신은 왕이 되고, 여인이 과부가 된 날 자신은 홀아비가 되었다. 하지만 자신은 이미 세상을 떠난 정비 공혜왕후에 이어 계비 윤씨(나중에 폐비)가 있고 후궁만 열두 명이다. 그런데 자신과 사주가 똑같은 이 여인이 홀로 외롭게 산다고?

　"청상과부라 하였는데, 네 진정 남자를 모른단 말이냐? 거짓을 고하면 어찌 되는지 알고 있겠지?"

　그러자 여인의 얼굴이 붉어졌다.

　"전하, 소인이 다 말씀을 드려도 괜찮은지요?"

　여인은 성종의 눈치를 살피며 조심스레 물었다. 그럼 그렇지! 성종은 다시 엄한 얼굴로 대답했다.

　"너는 지금 왜 과인이 너의 이야기를 묻는지 잘 모를 테지만, 중요한 일을 알아보고자 너를 부른 것이니 티끌만큼의 거짓도 고해서는 안 될 것이다. 네가 사실대로 고하면 너에게 상을 내릴 것이나, 네 말에 조금의 거짓이라도 있다면 살아서 궁을 나가지 못할 것이다."

　여인은 그제야 조심스레 털어놓았다.

　"옛날 중국의 어느 왕비가 열세 명의 정부를 두었듯이, 소인도 열세 명의 남첩을 두고 밤을 즐기고 있사옵니다."

　성종은 그제야 온화한 미소를 지으며 고개를 끄덕였다. 비록 성별도 다르고 신분도 다르지만, 한날한시에 태어난 사람은 비슷한 삶을 사는구나. 다만 처해진 환경에 따라 그 상황이나 정도가 다를 뿐 '운명'이란 것이 아주 허황된 것만은 아닌 거야.

그 후 성종은 계비로 맞은 열 살 연상의 윤씨를 왕비로 승격시켰다. 그로부터 3년 후 윤씨(연산군의 모후)는 폐위되고, 숙의 윤씨가 새로운 왕비가 되었다. 그리고 15년 후인 1494년 음력 12월, 성종은 37세의 나이에 숨을 거두었다. 열세 명의 남첩을 두었다는 여인은 어떻게 되었을까?

32

17세기 일본을 열광시킨
그림귀신

조 선 후 기 화 가 김 명 국

연담蓮潭 김명국金明國은 자신을 일러 취옹醉翁, 즉 '술 취한 늙은이'라 불렀다. 그도 그럴 것이 그는 늘 취해 있었고, 취해야만 그림을 그렸다. 멀쩡한 정신일 때는 제대로 된 그림이 나오지 않았다.

김명국에 대해선 정확히 알려진 바가 별로 없다. 조선 중기 사람이라는 이야기도 있고 후기 화가라는 주장도 있다. 그에 관해 남아 있는 기록은, 그가 1636년과 1643년 두 차례에 걸쳐 통신사를 따라 일본에 다녀왔다는 것뿐이다. 이때는 조선의 제16대 인조 임금(재위 1623~1649)의 시대이다. 따라서 임진왜란과 병자호란 이후를 조선 후기로 보면 중기의 화가가 맞고, 1623년 인조반정을 중·후기의 분기점으로 삼는다면 조선 후기 화가가 된다.

'달마도' 화가를 보내 달라

따라서 김명국의 집안이 어떠했는지, 형제가 있었는지, 어떻게 화가가 되었는지 알 길이 없다. 다만, 영조 때 여항시인 정내교鄭來僑가 자신의 호를 넣어 펴낸 문집인 《완암집浣巖集》에 '화사 김명국전畵師金鳴國傳'이라는 글이 있어 대략 짐작할 뿐이다.

김명국은 사람 됨됨이가 거친 듯 호방하고, 농담을 잘 했으며, 술을 즐겨 한 번에 몇 말씩이나 마셨다. 그가 그림을 그릴 때면 반드시 실컷 취하고 나서 붓을 휘둘러야 더욱 분방해지고 뜻은 더욱 무르익어 필세는 기운차고 농후하여 신운이 감도는 것을 얻게 된다. 그래서 그의 득의작得意作 중에는 미친 듯 취한 후에 나온 것이 많다고 한다.

여기서 김명국의 성품과 창작 스타일을 알 수 있다. 조선 후기의 풍속화가인 김홍도와 신윤복은 많이 알려져 있지만, 김명국을 아는 이는 많지 않다. 그러나 우리는 그의 작품을 너무도 잘 안다. 누구나 한 번쯤은 보았을 〈달마도達磨圖〉가 김명국의 작품이다.

현재 국립중앙박물관에 소장되어 있는 이 수묵화는 원래 일본에 있던 것을 박물관이 사들인 것이다. 김명국이 조선통신사로 일본에 방문했을 때 그린 것이라고 한다. 1429년(세종 11년)부터 임진왜란 전까지 200년간 조선통신사가 일본에 열두 차례 다녀왔지만, 일본 측에서 다시 부른 화원은 김명국뿐이다. 아예 일본에서 "연담 같은 사람이 오기

17세기에 김명국이 그린 불화 〈달마도達磨圖〉. 국립중앙박물관 소장.

를 바람"이라고 특별히 요청했다고 하니, 일본에서 연담 김명국을 얼마나 좋아했는지를 알 수 있다.

연담은 훗날 '신필神筆'로 떠받들어졌지만, 도화서 화원 시절 그의 진면목은 오히려 일본에서 먼저 알아보았다고 할 수 있다.

그는 1636년과 1643년 조선통신사 수행화원으로 일본에 건너갔다. 수행화원畵員이란 통신사의 활동을 그림으로 기록하는 직책이지만, 주변의 요청을 받으면 그림을 그려 주는 것이 관행이었다. 당시 일본에는 참선수행으로 깨달음을 추구하는 승려들을 형상화하는 선승화禪僧畵가 유행하고 있었다. 굳세고 간결하며 거친 붓놀림으로 그윽하고 심오한 세계를 그려 내는 김명국의 화법은 이런 기호에 딱 들어맞았다.

모름지기 그림이란 글자를 모르는 사람에게도 감동을 줄 수 있는 장르이기에, 당시 일본 제후들을 수행하던 사무라이(무사)들도 김명국의 그림을 좋아했다. 통신사 수행화원들은 보통 하루에 서너 장의 그림을 그렸는데, 김명국은 대마도에서 에도(도쿄)까지 가는 5~8개월간 총 100점 이상 그렸다고 한다.

1636년 통신사 정사 밑의 부사副使로 선발되어 일본에 다녀온 김세렴金世濂이 쓴 일기(《해사록海槎錄》)에는 당시의 상황이 잘 담겨 있다.

1636년 11월 14일. 글씨와 그림을 청하는 왜인이 밤낮으로 모여들어 박지영 · 조정현 · 김명국이 괴로움을 견디지 못하였는데, 심지어 김명국은 울려고까지 했다.

박지영과 조정현은 글씨를 쓰는 사자관寫字官이었다. 일본인들이 얼마나 몰려들었기에 바빠서 울상이 될 정도였을까.

태어나면서 아는 자

가난에 쪼들렸던 김명국은 생계를 위해 수많은 그림을 그렸지만, 지금 남은 것은 일본에 전해지는 13점을 포함해도 채 서른 점도 안 된다.

김명국 〈죽음의 자화상〉. 국립중앙박물관 소장.

단순한 몇 개의 선으로 선승들의 정신세계를 그려 내어 신필神筆로 불렸지만, 양반의 나라 조선에서는 천한 그림쟁이에 불과했다.

국가기관인 도화서에 소속되어 있었지만, 그의 이름조차 정확히 기록되어 있지 않다. 당시의 각종 문헌에는 그의 이름이 '명국明國' '명국命國' '명국鳴國'으로도 기록되어 있다. 신분이 낮은 화원의 이름쯤은 그것이 밝을 명明이든, 목숨 명命이든, 울 명鳴이든 상관없었던 것이다. 탁월한 재능을 지니고도 스스로 '술 취한 늙은이'라 자조할 수밖에 없는 가난한 천재의 모습이 보이는 듯하다.

1643년(인조 21), 김명국이 통신사 수행화원으로 두 번째 일본을 방문했을 때, 일본 전체가 들썩이며 김명국의 그림을 얻으려 했다. 그의 그림이라면 한 조각의 종이도 큰 구슬을 얻은 것처럼 여겼다. 이때도 김명국은 그의 특기인 술과 일필휘지, 호방한 성격으로 재미난 일화를 남겼다.

한 일본인이 집을 새로 지은 뒤 김명국에게 집 안의 사방 벽에 벽화를 그려 달라고 청했다. 그 집 벽은 그림을 잘 그릴 수 있도록 귀한 중국 모단毛緞(벨벳)이 발라져 있었다. 벽화 소동은 조선 후기 학자 이긍익李肯翊이 지은 역사서《연려실기술燃藜室記述》에 간략히 요약되어 있다.

김명국은 우선 술을 달라고 말한 뒤 취할 때까지 마셨다. 왜인이 불안함에 어찌할 것인지 묻자, 명국은 껄껄 웃으며 붓을 찾았다. 그리고 왜인이 준 금가루즙 한 주발을 받아 한입 가득히 머금고 벽의 네 모퉁이에 뿜었다. 놀란 왜인은 화를 내며 칼을 뽑아 들었다. 명국이 껄껄 웃고 다시 붓을 잡고 휘두르니 산수와 인물이 그려지는데 손을 놀리는 대로 저절로 이루어졌다. 필세筆勢가 힘차서 살아 움직이는 듯하니 필시 평생의 역작이었다. 왜인이 놀라고 기뻐하며 머리를 조아려 사례하고, 자손에 전하고 지키게 하니, 마침내 그 나라의 기관奇觀(기이한 구경거리)이 되었다 한다.

조선 후기 문인 남태응南泰膺은 미술 비평문인《청죽화사聽竹畵史》
에서 김명국의 천재성을 극찬했다.

"김명국은 그림의 귀신이다. 그 화법은 앞 시대 사람의 자취를 밟으
며 따른 것이 아니라 미친 듯이 자기 마음대로 하면서 주어진 법도 밖
으로 뛰쳐나갔으니 포치布置와 화법 어느 것 하나 천기天機가 아닌 것
이 없었다."

남태응에 따르면, 문장가에는 신품神品, 법품法品, 묘품妙品의 삼품
三品이 있는데 이를 화가에 비유한다면, 연담(김명국)은 신품에 가깝고,
허주(이징)는 법품, 공재(윤두서)는 묘품에 가깝다고 평했다. 허주가 노
력해서 아는 자, 공재가 배워서 아는 자라면, 연담 김명국은 태어나면
서 아는 자라는 것이다.

33

사약 여덟 사발에도
죽지 않은 사나이

윤 형 원 의 미 움 을 산 임 형 수

1544년 조선의 제11대 임금인 중종이 죽고, 그 뒤를 이어 중종의 장남인 인종이 즉위하나 불과 9개월 만에 세상을 떠났다. 1545년 열한 살의 어린 명종이 형의 뒤를 이어 즉위했다. 명종은 인종의 아우였으나, 어머니가 달랐다. 인종은 중종의 제1계비 장경왕후 윤씨 소생이었고, 명종은 제2계비 문정왕후 윤씨 소생이었다. 둘 다 파평 윤씨였지만, 외척 무리인 장경왕후파(대윤大尹)와 문정왕후파(소윤小尹)는 왕위 계승을 둘러싸고 날카롭게 대립했다.

인종이 즉위하면서 장경왕후파가 득세하는 듯했으나, 인종의 급서로 문정왕후의 아들 명종이 즉위하면서 전세는 역전되었다. 문정왕후파의 수장이 저 유명한 윤형원尹元衡이다. 윤형원 일파는 대립하던 장경왕후파를 싹 몰아내고자 명종 즉위년인 1545년 을사사화乙巳士禍를 일으켰다. 그리고 이때 미처 죽이지 못한 장경왕후파를 그 2년 후에 누명을 씌워 죽이니, 바로 '양재역 벽서 사건'이다.

양재역 벽서 사건의 내막

1547년(명종 2) 9월, 부제학 정언각과 선전관 이로가 경기도 과천의 양재역에서 익명의 벽서를 발견했는데 그 내용이 요상했다.

'위로는 여주女主, 아래에는 간신 이기李芑가 있어 권력을 휘두르니 나라가 곧 망할 것이다.'

벽서壁書란 글을 써서 벽에 붙이는 글로, 왕이 있던 시절에는 일종의 지하신문 같은 역할을 했다. 정언각 등은 곧바로 이 벽서를 명종 임금에게 보고했다. 그런데 당시 명종은 열세 살의 어린아이여서, 명종의 어머니 문정왕후가 수렴청정을 하고 있었다. 그러니 누가 봐도 벽서에서 말한 '여주女主'가 문정왕후임을 짐작할 수 있었다.

이기는 중종에게 사랑을 받아 우의정 자리에까지 올랐으나, 인종 즉위 후 인종의 외삼촌인 윤임尹任의 탄핵으로 강등되어 윤임에게 원한을 품고 있었다. 윤임이 바로 장경왕후파의 '대윤'이었다. 이기는 1545년 윤원형과 손잡고 을사사화를 일으켜 윤임 무리를 제거했는데, 벽서는 이 같은 이기의 전횡을 비판하고 있었다.

문정왕후의 동생인 윤원형은 을사사화 때 처벌이 미흡하여 이런 일이 일어났다며 화근을 뽑아야 한다고 주장했다. 이를 왕후가 받아들여 또다시 옥사獄事을 일으켜 반대파 인물들을 숙청했으니, 이 사건이 정미년에 일어나 정미사화丁未士禍라고도 불리는 양재역 벽서 사건이다.

윤형원이 이끄는 소윤 일파는 지난날 윤형원을 탄핵했던 송인수, 윤임 집안과 혼인을 맺은 이약수 등을 사사賜死하고, 이언적과 백인걸, 유희춘 등 20여 명을 유배 보냈다. 이때 누명을 쓰고 죽은 이 중에 부제학을 지낸 임형수林亨秀가 있었다.

임형수는 1535년 문과에 병과로 급제하여 부제학에까지 올랐으나, 을사사화 때 제주목사로 강등되어 쫓겨났다가 파면된 상태였다. 평소 강직한 성품 때문에 윤원형의 미움을 받다가, 이때 벽서 사건의 배후로 엮여 들어가 사약을 받게 된다.

이황의 호탕한 친구

나주에서 태어난 금호錦湖 임형수는 글쓰기, 활쏘기, 칼 쓰기 등 어느 것 하나 빠지지 않는 문무에 능한 인재였다. 거기에 훤칠한 외모와 호탕하고 정이 많은 성격으로 많은 사람들이 그를 아끼고 사랑했다. 그중에는 퇴계 이황도 있었다.

임형수와 이황은 호당에서 처음 만났다. 호당湖堂은 조선시대에 젊고 재주 있는 문관을 뽑아 임금이 특별히 공부시키던 곳이었다. 이황은 자신보다 세 살 아래인 임형수에게 호감을 품었다. 샌님 같은 이황

18세기 풍속화가 김홍도의 〈활쏘기〉, 《단원 풍속도첩》.
보물 527호, 국립중앙박물관 소장.

과 호탕한 성격의 임형수는 곧 친구가 되어 우정을 쌓아 갔다.

두 사람은 이황의 집에서 자주 어울려 술을 마셨는데, 글재주가 뛰어난 임형수는 술이 얼큰해지면 시를 읊어 술자리를 더 흥겹게 만들었다.

1540년 중종이 임형수를 회령판관會寧判官에 임명했다. 회령은 두만강에 면한 변방이었다. 그전까지 변방은 무관 출신이 다스렸기에 사간원에서 이를 만류하는 주청을 올렸다. 그러자 중종은 "이 사람은 문무文武의 재주가 뛰어나 장차 나라를 위해 크게 쓸 사람이라 변방에 보내어 시험해 보려고 한다."고 했다.

과연 임형수는 2년간 변방을 잘 다스렸다. 사람이 워낙 올곧고 강직하기도 했지만, 정이 많아 백성들을 따뜻하게 보살피니 주변의 오랑캐 무리도 귀화해 오는 자가 많았다. 그들은 임형수를 '대야大爺'(큰아버지)라 부르며 따랐다.

임형수는 변방에서도 가만히 있지 않았다. 하루는 며칠분의 식사를 몰아서 먹고, 또 어떤 날은 며칠 동안 한 끼도 먹지 않았다. 이상히 여겨 이유를 물으니, 호탕하게 웃으며 대답했다.

"무장武將으로서 전쟁을 대비한다면 이런 식성을 길러야 하지 않겠나?"

1545년 을사사화가 일어나 윤원형에게 미움을 받던 임형수는 홍문관 정3품 부제학에서 제주목사로 좌천되었다. 말이 좌천이지 귀양이나 다름없었다. 그러나 임형수는 씩씩하게 제주도로 향했다. 배를 타고 제주목사로 부임하던 길에 심한 풍랑을 만났다. 배에 탄 사람들이 두려워하며 각자 "부처님, 용왕님, 옥황상제님"을 찾으며 빌었다. 그때 임형수가 외쳤다.

"이중탕! 이중탕!"

배가 제주에 무사히 도착하자, 누군가 배 위에서 부르던 이중탕이 무엇이냐고 물었다. 본디 이중탕理中湯은 복통에 쓰는 처방이었다. 임형수가 대답했다.

"배가 아프니까 이중탕 아니겠소, 하하!"

"그분 참 좋은 분이다"

1547년 억울하게 사약을 받은 임형수는 부모님께 마지막 절을 올렸다. 온통 울음바다였다. 그 와중에 임형수는 아이들을 찾아 일렀다.

"나는 나쁜 일을 하지 않았다. 그러나 끝내 이렇게 되었으니 너희들은 글을 배우고 과거를 보되, 문과는 보지 말고 무과를 보도록 하라."

그리고 사약 사발을 들었다.

"주거니 받거니 할 사람도 없고, 안주도 없이 잔을 들이키는구나."

임형수는 사약을 벌컥벌컥 들이켰다. 이를 지켜보던 사람들이 모두 통곡했다. 그런데 이상한 일이 일어났다. 사약을 들이킨 임형수가 죽지 않고 멀쩡하게 앉아 있었던 것이다. 임형수는 사람들을 멀뚱멀뚱 쳐다보았다. 가장 당황한 사람은 형을 집행하러 온 금부도사였다.

"여봐라, 다시 사약을 내오게 하라."

여유분의 사약이 나오자, 다시 울음바다가 되었다. 임형수는 결연한 표정으로 다시 사약을 들이켰다. 그러나 이번에도 임형수는 죽지 않았다. 금부도사는 당황하여 세 번째 사약을 대령하라고 소리쳤다. 사람들이 수군거리기 시작했다. "억울하게 누명을 쓰니 하늘도 아직 아니라고 하시는 건가?"

다시 사약이 나오고, 임형수는 사약을 단숨에 마셨다. 그러나 이번에도 그는 죽지 않았다. 오히려 트림이 나오는 걸 참느라 힘든 눈치였다. 다시 네 번째 사약 사발이 나왔다. 이제는 울음 대신 쓴웃음이 나왔다. 임형수는 다시 사약 사발을 한 번에 비웠으나 이번에도 멀쩡했다. 죽기는커녕 배가 부를 지경이었다.

다섯 번째 사약이 차려졌다. 다들 사약을 들이키는 임형수의 목젖을 바라보았지만, 역시나 임형수는 멀쩡했다. "약을 좀 진하게 내오시오, 껄껄." 임형수의 농담에 금부도사는 진땀을 흘렸다. 그러나 사약을 여섯 주발을 마시고도 임형수는 죽지 않았다. 이제 다들 웅성거리기 시작했다. 평생 술을 즐긴 임형수이지만 사약까지 많이 마실 줄이야. 금부도사가 말했다.

"내 사약을 더 진하게 해오라 일렀소. 이번에는 아예 한 번에 두 사발을 드시는 것은 어떻겠소?"

임형수는 고개를 끄덕였다. 그리고 연달아 숨도 쉬지 않고 들이켰다. 일순 적막이 흘렀다. 임형수는 참지 못하고 트림을 하였다. 여덟 사발째! 당황하기는 임형수도 마찬가지였다. 임금께서 죽으라 명하셨는데 죽지 않으니 이를 어쩐다.

임형수는 금부도사에게 목을 매어 죽겠다고 제안했다. 대들보에 줄을 연결하여 고리를 만들어 그 속에 목을 집어넣고 신호할 터이니 밖에서 그 줄을 잡아당기라 했다. 다급해진 금부도사는 서둘러 줄을 준비했다. 이윽고 임형수가 방에 들어가서 줄에 목을 걸고 신호를 보냈다. 그렇게 마흔셋 임형수는 떠났다.

1670년 권별權鼈이 펴낸 문헌설화집《해동잡록海東雜錄》을 보면, 임형수가 죽은 후 조선 사신 강섬이 명나라로 공문을 가지고 가던 중 한 여진족 사람을 만났다. 그 여진족이 "임형수란 분은 잘 계시냐?"고 물었다. 사신이 아무 말도 못하자, 여진족이 말했다.

"그분 참 좋은 분이다. 너희 나라가 그분을 죽였다는 소문이 있길래 한번 물어본 것이다."

내 생애 최고의 관상

조 선 태 종 의 책 사 하 륜

때는 1390년 무렵, 고려의 마지막 왕 공양왕 시절. 위화도
에서 회군한 이성계는 우왕을 폐위시키고, 신종神宗의 7대손인 요瑤를
임금에 앉혔다.

1388년 최영 장군이 주도한 요동 공격을 반대하다가 유배되었던 하
륜河崙은, 이성계의 위화도 회군으로 다시 첨서밀직사사 관직을 회복
했다. 그의 나이 이미 40대였다.

'쯧쯧 초운은 좋았는데…… 삶이 좀 굴곡지겠구나. 그래도 말년운
이 이리 좋은 걸 보니……, 옳거니! 재상의 상이로구나.'

"아니 실성한 사람처럼 거울을 보고 왜 그렇게 웃으십니까?"

차를 내오던 부인 이씨의 말에 하륜은 놀라 정색을 했다.

"아무것도 아니요. 잠시 옛 생각이 나서⋯⋯."

부인이 나가자, 하륜은 다시 거울을 유심히 들여다보았다.

내가 모실 유방을 찾았구나!

고려 충목왕 3년(1347) 12월 22일에 태어난 하륜은, 평소 의술과 풍수지리에 관심이 많아 소일거리로 관상 책을 보다가 관상학에 빠졌다. 그가 관상학의 이치를 깨닫고 맨 처음 관상을 본 사람은 다름 아닌 하륜 자신이었다.

"흠, 본시 운이란 적절한 때와 인人을 만나야 상승하고 완성되는 법. 그런데 지금은 관상이 나와 상극인 정도전의 세상 아닌가. 그런데 관상으로도 정도전과 이성계가 합궁合宮이니⋯⋯."

정도전은 유방(한고조)이 장량(장자방)을 쓴 것이 아니라 장량이 유방을 쓴 것이라고 했다.

"그래, 나도 나의 유방을 찾아야 한다. 누가 알겠는가. 내 세상이 올지⋯⋯."

그날부터 하륜은 사람을 만날 때마다 그 사람의 관상을 살펴보았다. 이성계의 관상은 완전한 군왕의 상이었다. 보는 순간 느낀 전율을 잊을 수가 없다. 정말 훌륭한 관상이었다. 그 기개와 용맹함에 절로 고개가 숙여졌다. 다만, 살짝 아쉬운 것은 자녀운과 말년운이었다. 하지만 그보다 더 아쉬운 것은, 자신이 이성계의 장량이 아니라는 점이었다. 어떻게든 이성계 눈에 들고 싶었지만, 정도전鄭道傳이 앞에 버티고 있어 쉽지 않았다. 정도전의 상은 자신보다 강했다. 강하면서 상극이니…….

이성계와 같은 군왕의 상을 다시 만날 수 있을까? 나는 언제 나의 유방을 만나 대장부의 기개를 펼칠 수 있을까?

그러던 어느 날, 하륜은 완전한 군왕상을 만났다. 콧마루가 높고 빛이 나며, 높은 이마가 흡사 용과 같았다. 게다가 몸에서 흘러나오는 기개는 이성계의 그것을 능가했다.

'아니! 누구였더라……. 맞다, 맞아!'

하륜은 그가 누구인지 깨닫는 순간 전율을 느꼈다. 드디어 내가 모실 유방을 찾았구나! 하륜은 그날로 그와 친해질 방법을 찾았다.

하륜은 마음이 급해졌다. 저러한 기개에 야망이 가득한 모습을 정도전이 못 알아볼 리 없다. 분명 정도전은 그를 없애려 들 것이다. 하륜은 당시 한양부윤으로 있던 민제閔霽의 집을 찾아갔다. 온화한 성품의 민제는 하륜이 좋아하고 따르는 사람이었다.

"이 사람, 어쩐 일인가?"

민제가 반가이 하륜을 맞았다.

"이쪽 기운이 좋아 오늘은 제가 이곳에서 술 한 잔 얻어 마시려고 왔습니다."

"이 사람 온갖 잡서에 능하다더니 오늘은 풍수지리를 읊으러 오셨나. 관상도 보신다더니 오늘은 내 관상 한번 봐 주고 가시게나."

술상이 차려지고 술잔을 기울이던 하륜이 말했다.

"실은 부탁이 있어 왔습니다. 제가 며칠 전 대감의 사위 분을 우연히 뵈었습니다. 그런데 제가 지금껏 본 중에 최고의 상이었습니다. 그래서 …… 한번 만나 뵙고 싶습니다."

민제가 깜짝 놀라 물었다.

"최고의 상이라면?"

민제의 눈빛이 흔들렸다. 아무 말 없이 눈을 감고 있던 민제가 대답했다.

"내 일간 자리를 주선하겠네."

며칠 후 하륜은 민제의 주선으로 민제의 사위 이방원과 마주 앉았다.

'역시 군왕의 상이다. 어느 것 하나 빠지지 않는구나. 아버지 이성계가 말년운이 부족하다면, 이방원은 말년운까지 완벽하다. 그는 불이다. 호랑이고, 얼음이며, 독수리다.'

이방원은 뭔가 불만스러운 얼굴로 하륜을 바라보았다. 장인이 만나보라고 해서 만나기는 하지만, 스무 살이나 연상에다 계속 기분 나쁘게 쳐다보지 않는가. 아직 20대 중반의 젊은 방원으로선 좋아하기 힘든 사람이었다. 방원은 고개를 살짝 숙이며 인사했다. 그러자 하륜이 벌떡 일어나 큰절을 올렸다. 갑작스런 하륜의 행동에 방원이 깜짝 놀라며 말했다.

"아니, 왜 이러십니까?"

"저는 진주 사람 하륜이라고 합니다. 이색의 제자이고, 이인임의 동생의 딸이 제 처입니다."

"누구인지는 알고 있습니다. 그런데 갑자기 왜 제게 큰절을 올리시는지 그 연유가 궁금합니다."

"제가 관상을 좀 볼 줄 압니다. 며칠 전 우연히 뵙고 그냥 있을 수 없어 이리 뵙기를 청하였습니다. 제가 지금껏 본 상 중에 최고의 상이십니다."

방원은 내심 놀라고 귀가 솔깃했으나, 짐짓 너털웃음을 터뜨렸다.

"최고의 상이면 뭐하겠습니까. 위로 형들이 줄줄이 있고, 새어머니 소생의 동생들도 있는 것을……."

"기다려 보십시오. 뜻이 있는 자는 참기도 하고 때가 오면 뜻을 펼칠 줄도 알아야 합니다.《손자병법》에도 만천과해瞞天過海(은밀히 내일을 도모하라)한 연후에 진화타겁趁火打劫(상대의 위기를 틈타 공격한다)하라 하지 않았습니까. 뜻은 깊게 품되, 펼칠 때는 빠르게 펼쳐야지요. 빠르게 펼치지 않으면 날아드는 칼에 날개를 잃을 수 있습니다."

"빠르게 펼친다……. 어떻게요? 뜻이란 무엇이요?"

잠시 방원의 안색을 살피던 하륜이 말했다.

"무릇 정치란 명분입니다. 명분을 찾으십시오."

'장량' 하륜은 마흔이 넘어 스무 살이나 어린 '유방'을 만난 것이다.

일부러 술을 쏟아 거사를 도모하다

그렇게 하륜은 이방원의 책사가 되었다. 그리고 알려진 대로 1392년 이성계는 조선을 건국하고 새로운 왕조의 첫 번째 임금(태조)이 되었다. 위화도 회군 이후 정권을 장악한 지 4년 만이었다. 이미 건국하기 1년 전에 과전법을 공포하여 조선 건국의 주도 세력인 신진 사대부의 경제적 기틀을 마련한 정도전은, 도읍 천도를 건의하여 1394년 개경에서 한양으로 수도를 옮겼다.

조선 건국 과정에서 이방원은 핵심적인 역할을 했다. 뭐니 뭐니 해도 1392년(공양왕 4) 4월, 고려 개혁에는 뜻을 같이했으나 역성혁명은 결단코 반대했던 정몽주를 단독으로 제거하여 그해 7월 조선이 건국되는 데 결정적인 역할을 했다. 이성계가 조선 태조로 등극하면서 방원은 정안군靖安君에 봉해졌다.

그러나 정몽주 제거는 이후 방원의 발목을 잡게 되어, 개국공신 명단에서 누락된 데 이어 그해 8월에는 계비 신덕왕후의 막내아들 방석이 세자로 책봉되면서 왕위 계승에서 공식적으로 탈락했다. 방원은 서운할 수밖에 없었다. 더욱이 정국을 주도하게 된 정도전은 방원을 더 몰아붙였다. 특히 왕실의 무력 기반인 사병을 혁파하자고 주장하여 방원을 비롯한 왕자들의 불만을 샀다.

방원의 책사인 하륜도 견제를 당하기는 마찬가지였다. 건국 이듬해인 1393년 하륜은 건국의 일등공신으로 경기도관찰사로 제수되었다. 그때 도성을 어디로 옮길지를 두고 조정이 소란했다. 하륜은 계룡산은 풍수상 좋지 않다며 무악(서울 신촌)으로 옮기자고 주장했다가 경복궁 지역을 주장하던 정도전에게 밉보여 이듬해 중추원첨서사로 전보되었다.

방원으로서는 어려운 시기였다. 이때 하륜은 방원에게 이숙번李叔蕃

을 소개했다. 당시 이숙번은 안산군지사로 있다가 정릉(태조의 계비 신덕왕후의 묘)을 지키는 일을 하고 있었다. 유사시에 부릴 군사가 있다는 것은 가뜩이나 사병 문제로 공격받고 있던 방원에게는 중대한 일이었다.

정도전은 방원의 옆에서 하륜을 하루빨리 떼어 놓아야겠다고 생각했다. 운명의 1398년(태조 7), 정도전은 하륜을 충청도관찰사로 임명했다. 정도전의 의중을 꿰뚫은 하륜은 떠나기 전에 어떻게든 정안군을 만나 거사巨事를 모의하기로 결심했다. 그래서 떠나기 전날 밤, 한양 자신의 집에서 전별회를 열었다. 이 자리에는 당시 내로라하는 조정 신료들이 대거 참석했다. 정안군뿐 아니라 정도전도 왔다. 도저히 은밀히 얘기를 나눌 상황이 아니었다.

하륜은 정안군 옆에 가서 자리를 잡은 뒤 술에 취한 척 정안군의 옷에 술을 쏟았다. 마침 오고 싶지 않은 자리였는데 옷까지 술로 얼룩지자 기분이 상한 정안군이 자리를 박차고 나갔다. 하륜은 짐짓 당황한 척하며 쫓아 나갔다.

"대군, 대군! 잠시만 기다려 주십시오."

정안군이 놀라며 뒤돌아섰다.

"대군과 조용히 이야기하고 싶은데 기회가 없었습니다. 이렇게라도 기회를 만들 수밖에요. 곳곳에 정도전의 눈과 귀가 있지 않습니까?"

그제야 정안군의 안색이 풀어졌다.

"대군, 빨리 움직이셔야 할 것 같습니다. 필경 정도전이 움직일 터이니 그전에 움직이셔야 합니다. 지금 최고의 계책은 선수치기입니다."

정안군은 알았다는 듯 고개를 끄덕였다.

"저는 저들을 안심시키기 위해서 우선 내일 충청도로 떠나겠습니다. 이숙번을 시켜 정릉을 지키는 군사들을 경복궁으로 들여보내어 궁을 접수하십시오. 저는 충청도의 군사들을 모아 대군을 돕겠습니다."

"알았소. 형들과 상의하여 거사일을 정하고 알려주겠소."

관상값으로 받은 화려한 말년

마침내 1398년 10월 5일, 제1차 왕자의 난이 일어났다. 과연 이숙번이 경복궁에 병력을 출동시키고, 하륜이 충청도에서 군사를 이끌고 올라와 이를 도왔다. 정도전은 남은의 첩 집에서 술을 마시다 세자 방석의 장인인 심효생, 남은 등 개국공신들과 함께 제거되었다. 세자 방석과 그 형인 방번도 죽임을 당했다.

이 난으로 둘째 형 방과(정종)를 옹립해 명분을 쌓은 정안군은, 1400년(정종 2) 제2차 왕자의 난 때 방간을 물리치고 정종에게 양위받아 왕이 되었다. 평소 왕위에 욕심이 있던 넷째 형 방간의 반란군을 제압하고 세자가 되었다가 그해 11월 수창궁에서 즉위하였다.

물론 그 과정에서 하륜은 장량 같은 책사 역할을 충실히 해내며 정안군 방원의 신임을 얻었다. 이는 방원이 왕이 된 다음에도 마찬가지였다. 오늘날 서울 성동구 사근동에는 '살곶이다리'라는 다리가 남아 있는데, '살곶이'라는 지명에는 하륜의 지략이 숨겨져 있다.

제1차 왕자의 난 이후 상심이 깊었던 이성계는 함흥에 가서 한양으

태조 이성계가 왕위에서 물러난
뒤 머문 함경남도 함흥 본궁.

로 오지 않았다. 이에 정안군은 여러 차례 간곡히 돌아오시라고 청했
다. 마침내 태조 이성계가 한양으로 돌아오던 날, 방원은 살곶이까지
마중을 나가겠다고 했다. 하륜은 이를 극구 말렸으나 방원의 고집을
꺾을 수 없자 이렇게 말했다.

"태상왕太上王(이성계)께서 아직 노여움이 풀리지 않으셨을 겁니다.
아시는 대로 태상왕의 활솜씨는 조선 최고이십니다. 혹시 모르니 마
중 나가 기다리실 천막의 기둥을 굵고 튼튼한 나무로 만드셔서 혹시
모를 불상사에 대비하시는 게 좋겠습니다."

하륜의 말대로 이성계는 방원을 보자마자 노기를 띠며 활시위를 당
겼다. 방원은 재빨리 기둥 뒤로 몸을 숨겼다. 이때 화살이 기둥에 꽂
혔다 하여 그곳의 지명이 '살곶이'가 되었다. 하륜의 활약은 그 뒤에도
이어진다.

하륜은 환궁한 태조의 환영 연회가 있기 전 은밀히 방원에게 말했다.

"내관에게 대군의 옷을 입히십시오. 그리고 얼굴을 가리고 있다가

태상왕께 술을 올리라 하십시오."

연회가 열리고 정종 내외가 술잔을 올린 때, 방원은 내관으로 하여금 자신의 옷을 입고 그 뒤에 서 있게 했다. 방원의 옷을 입은 내관이 태조에게 술을 따르는 순간, 태조는 숨겨 둔 철퇴를 휘둘렀다. 내관은 그 자리에서 즉사했다. 이 일로 태조는 모든 것이 하늘의 뜻이라고 받아들였다.

태종 치세에 하륜은 좌의정에까지 올랐다가, 1416년(태종 16) 70세의 나이에 죽었다. 신문고와 호패를 만든 사람도 하륜이라 하니 조선 초나라의 기틀을 세우는 데 공이 있는 것은 분명하다. 그러나 하륜은 이숙번과 더불어 고려의 권문세가를 능가하는 탐욕을 부렸다.

신덕왕후의 능인 정릉은 원래 지금의 서울 중구 정동에 있었는데, 능이 도성 한가운데에 있어 불편하다는 이유로 능 백 보 앞까지는 집을 지을 수 있도록 허락해 달라는 상소가 올라왔다. 그러자 태종은 1409년(태종 9) 정릉을 지금의 성북구 정릉동으로 옮겨 버렸다. 과거 신덕왕후가 방석을 세자로 올린 데 대한 미움 때문이었다. 풍수상 도성 안에서 좋은 자리로 손꼽히던 정동 터가 비자, 하륜은 사위들까지 동원하여 가장 먼저 좋은 땅을 자기 것으로 하였다. 뿐만 아니라 하륜은 무단으로 백성들을 동원하여 간척을 하였고, 그 땅을 사유화하여 많은 이들의 지탄을 받았다. 그러나 태종은 눈감아 주었다.

이숙번은 또 어찌나 안하무인인지, 집이 서대문 옆에 있어 사람들이 오가는 소리며 우마 소리로 시끄럽다고 마음대로 서대문을 막아 버리기까지 했다. 태종은 이 정도까지는 눈감아 주었다. 그러나 이후에도 이숙번이 계속 안하무인으로 행동하자, 1417년 경상도 함양으로 유배 보내고 아들 세종에게 절대 풀어 주지 말라고 신신당부했다. 그런데 왜 하륜은 봐준 것일까?

가장 큰 이유는 하륜의 나이가 많았기 때문이다. 하륜은 나이가 많아서 세종 대까지는 살기 어려울 듯하나, 이숙번은 하륜보다 스물여섯 살이나 어려 세종 대까지 살 것 같으니 귀양을 보낸 것이다. 과연 하륜은 세종이 즉위하기 2년 전까지 온갖 권세를 누리다 세상을 떠났다. 두 왕조 일곱 임금을 모셨으니, 하륜만큼 많은 임금을 모신 이도 드물 것이다. 생전에 그토록 떵떵거리며 살다 갔으니 관상 본 값 한번 두둑히 받은 셈이다.

명탐정 세종대왕

조 선 판 권 력 비 리 스 캔 들 ' 서 달 사 건 '

1427년 6월, 세종은 의금부에서 올라온 상주문을 찬찬히 읽고 있었다.

"그래 그래서 곤장을 맞았단 말이지. 그럴 만했군."

그런데 다음 내용을 읽던 세종은 무언가 이상하다는 듯 상주문을 처음부터 다시 읽기 시작했다.

'지현사知縣事 서달이 어머니 최씨와 온양온천에 갔다가 신창현을 지나는데 아전이 인사를 하지 않자 서달의 하인이 서달에게 잘 보이고자 그 아전과 시비가 붙었다가 홧김에 아전을 때려 죽였다?'

"여봐라! 가서 의금부제조提調를 들라 하라."

내가 누군 줄 알고 감히

형조판서 서선徐選의 외아들로 정승 황희黃喜의 사위인 서달徐達은 오랜만에 어머니를 모시고 온양온천(충청남도)에 다녀오는 길이었다. 그런데 한양으로 올라오다 신창현(지금의 아산)을 지날 즈음, 아전이 예를 갖추지 않고 그냥 지나쳐 갔다. 내가 형조판서의 아들인데! 서달은 괜한 자격지심에 객기가 발동하여, 하인들에게 방금 지나간 아전을 잡아오라 명했다.

서달의 어머니는 일이 시끄러워질까 아들을 말렸지만, 서달은 막무가내였다. 서달의 세 하인은 문제의 아전을 찾아 이리 뛰고 저리 뛰었지만 쉽게 찾아내지 못했다. 그때 다른 아전이 길을 지나갔다. 하인이 달려가 그 아전을 붙들고 물었다.

"방금 지나간 아전을 보았소?"

"누구를 이야기하는 것이오?"

빈손으로 돌아갔다가는 주인에게 경을 칠 것이 뻔했다. 하인은 마음이 다급해져 그 아전을 붙들었다.

"같은 아전이니 알 거 아니요. 빨리 찾아내시오."

아전이 어리둥절해 하자, 서달의 하인들은 갑자기 그 아전을 잡고 때리기 시작하였다. 때마침 표운평表芸

조선시대 후기에 그려진 것으로 추정되는 《황희 초상》. 국립중앙박물관 소장.

주이라는 아전이 지나가다 그 모습을 보고 말렸다.

"대체 누구길래 길에서 아전을 때리는 것이오? 관원이라도 되는 것이오?"

그러자 하인 중 가장 연장자로 보이는 자가 말했다.

"왠 참견이냐? 옳아, 네놈을 우리 나리께 데리고 가면 되겠구나. 이놈 잘 걸렸다!"

세 하인은 표운평을 잡아 묶은 뒤 서달에게 끌고 갔다.

"그래, 그 건방진 아전 놈을 잡아 왔느냐?"

"그 아전은 잡지 못하고 대신 그자를 알 것 같은 놈을 잡아 왔습니다. 괜한 참견을 하는 것이 수상합니다."

"그래? 네 이놈, 그 건방진 아전 놈이 어디 있는지 당장 말하지 못할까?"

표운평은 이 상황이 이해되지 않았다. 자신이 왜 잡혔는지도 모르겠고 또 누구를 찾는지도 모르겠고 당황해서 말이 나오지 않았다. 그러자 표운평의 당황한 말투를 보고 술을 마신 것이라고 오해한 서달은 끓어오르는 분을 참지 못해 표운평을 때리라 명했다.

"이 아전 놈이 낮술을 마시고 건방지게……. 여봐라, 저 놈이 정신을 차릴 때까지 몽둥이로 매우 쳐라!"

서달의 하인들은 몽둥이로 표운평을 때리기 시작했다. 느닷없는 몰매에 피투성이가 된 표운평은 정신이 혼미해졌다. 그때 씩씩거리고 있는 서달에게 하인이 다가가 눈치를 보며 말했다.

"나리, 저 아전 놈이 술을 마신 것은 아닌 듯합니다."

"그래?"

조금 무안하기도 하고, 너무 심했다는 생각이 든 서달은 이쯤에서 사건을 덮기로 마음먹었다.

"여봐라, 저 아전 놈이 이제 정신을 차렸을 테니 집에 가게 해 주고 얼른 가던 길을 가자꾸나."

서달 일행은 표운평을 그대로 버려 둔 채 그곳을 떠났다. 피투성이가 된 채 쓰러졌던 표운평은, 마지막 남은 힘을 짜내어 집으로 걸어가 집 앞에서 죽었다. 며칠 뒤 이 사건은 표운평이 아전으로 있던 신창현 관아에 접수되었다. 아전을 때려 죽인 죄로 조사를 받게 된 서달은 어찌할 바를 몰랐다. '어찌한담, 어찌한담……. 살인죄는 사형인데……. 그것도 아전을 죽였으니…….'

그런데 몇 달 뒤 서달은 조사를 받고 무죄방면되고, 그 하인 중 잉질 종仍叱宗이라는 자가 표운평의 살인죄로 사형에 처해졌다.

사건을 전면 재조사하라!

의금부제조가 들자, 세종은 상주문을 주며 읽어 보라 하였다.

"뭔가 이상하지 않소?"

임금의 명대로 상주문을 다시 읽어 보았으나, 제조는 무엇이 이상하다는 것인지 알 수가 없었다. 세종은 답답하다는 듯 말했다.

"이 사건을 다시 조사하라. 한 치의 거짓도 없이! 그 경과를 매일 빠짐없이 보고하라."

이렇게 하여 일명 '서달 사건'은 재조사가 진행되었다.

국문 보고 첫째 날

"그래, 서달이라는 자는 어떤 자이냐?"

세종이 의금부제조에게 물었다.

"형조판서 서선의 외아들이며, 처남은 대흥현감 노호盧皓이고, 좌의정 황희의 사위입니다."

"그래?"

"전하, …… 이 사건을 더 국문할까요?"

눈치를 보듯 묻는 제조의 말에, 세종은 버럭 화를 냈다.

"무슨 소리를 하는 것이냐? 황희의 사위라 해서 조사하지 않는단 말이냐? 샅샅이 국문하여 더 소상히 밝혀내어 보고토록 하라."

의금부제조는 당장 의금부로 돌아가 이 사건과 관련된 자들을 남김없이 잡아들여 국문하라고 명을 내렸다.

국문 보고 둘째 날

"어제 국문한 내용을 보고하라."

"형조참판 신개는 올라온 조서대로 서달을 방면하고 서달의 하인인 잉질종을 사형에 처하도록 처리했다고 합니다. 그전 형조좌랑 안숭선은 이 조서를 보았지만 특이한 점이 없다고 여겨 형조참판 신개에게 넘겼다고 합니다. 그래서 형조좌랑 안숭선에게 조서를 넘긴 감사 조계생과 도사신기를 잡아다가 국문을 하려 합니다."

국문 보고 셋째 날

임금에게 국문 내용을 보고하는 의금부제조의 표정이 그 어느 날보다 긴장되어 있었다.

"국문한 내용을 보고하라."

"처음 사건이 접수되고 감사 조계생은 조순과 이수강을 시켜 조사하게 했다고 합니다. 그런데 처음 조서에는 서달이 때리라 시켰다고 되어 있었는데, 어쩐 일인지 나중에 하인인 잉질종이 주인에게 버릇없이 군 아전을 때려죽인 것으로 조서가 바뀌었다고 합니다. 감사 조계생이 이상히 여겨 옆 고을 목천현감인 윤환과 직산현감인 이운에게 다시 조사하라 했더니, 하인인 잉질종이 죽인 게 맞다고 조서를 올렸다고 합니다. 그래서 감사 조계생은 그대로 형조에 보고했다고 합니다."

"그래? 뭔가 이상하군. 초기의 조서가 바뀌었다……."

"신도 이상히 여겨 처음 조서를 꾸민 조순과 이수강을 국문하도록 명했습니다. 그리고……."

세종이 궁금한 듯 쳐다보았다.

"이 사건으로 죽은 아전 표운평의 형 표복만이 사건 후 재산이 늘었다는 이야기가 있습니다."

"그래? 그럼 표복만과 그 가족들도 국문토록 하라."

보고를 올리는 의금부제조의 태도는 결연했다.

"초기 조서를 꾸민 조순과 이수강을 국문한 바, 처음 조순과 이수강이 서달을 조사했을 때 서달은 순순히 자기 죄를 자백했다고 합니다. 그래서 그대로 조서를 써서 감사 조계생에게 보고했는데, 현재 형조판서인 서달의 아버지 서선이 찾아와 하나밖에 없는 외아들을 죽게 놔둘 수 없다며 청탁했다고 합니다. 이에 마음이 약해진 조순과 이수강이 조서를 다시 바꾸어 감사 조계생에게 보고했다고 합니다."

임금의 얼굴이 어두워졌다.

"그런데 죽은 표운평의 가족들을 국문해 보니, 사건 후 우의정 맹사성이 표운평의 형 표복만을 은밀히 찾았다 합니다. 그때 표만복은 일 때문에 한양에 올라와 있었는데 은밀히 보자는 이가 있어 만났더니 우의정 맹사성이 '우리 고향(신창현)의 풍속을 아름답게 하자'며 서달 가족과의 화해를 종용한 것으로 조사되었습니다."

"뭐라? 우의정 맹사성이?"

"망극하옵니다."

"계속하라."

"또한 서달의 처남인 대흥현감 노호도 표운평의 집을 찾아가 여러 차례 화해를 종용했으며, 이것도 모자라 여러 차례 사람들을 보내어 때론 협박으로 때론 금전으로 화해를 시도한 바 있습니다. 신창현감 곽규는 맹사성의 부탁도 있고 대흥현감 노호와도 안면이 있는지라, 초기 조서가 감사 조계생의 손을 떠난 것을 알고 이 사실을 서달의 처남 대흥현감 노호에게 알려 노호가 얼른 가서 초기 조서를 가로챈 것으로 조사되었습니다. 이에 서달의 외척인 신창교도 강윤이 얼른 표운평의 집에 가서 재물로 화해서를 작성해 달라 했고, 미리 재물을 받은 표운평의 형 표복만 또한 죽은 사람이 어찌 살아오겠냐며 나라의 온 고관들이 부탁하는데 화해하지 않고 어느 곳에 몸을 의탁하고 살겠느냐며 표운평 가족들에게 화해서를 쓰라고 종용했다 합니다. 결국 가족들이 화해서를 작성해 주자, 사건을 초기 조사했던 조순과 이수강에게 그것을 보여 주며 조서를 다시 써 달라고 서선과 노호가 읍소하였다고 합니다."

"그럼 감사 조계생이 조서가 바뀐 것을 이상히 여겨 재조사시켰던 목천현감 윤환과 직산현감 이운은 왜 그리 조서를 썼다 하던가?"

"조순과 이수강과 친했던 지라 그들의 부탁으로 그리 써 주었다 합니다."

"그래서 감사 조계생은 그대로 형조에 보고하고, 형조판서는 잘 살펴보지도 않고 서달을 방면하였다는 것인가?"

"윗선이 누구인지를 아는 지라 감히 조서대로 처리한 듯합니다."

"그럼 우의정 맹사성은 왜 그리 했다 하던가?"

임금의 목소리가 점점 노기를 띠었다.

"그것이……. 서달은 조사를 받으면서 자신의 장인인 영의정 황희에게 이 사실을 알렸고, 황희는 사위를 도울 길을 찾다 신창현이 우의정 맹사성의 고향인 것을 알고 맹사성에게 자신의 사위를 부탁했다고 합니다."

"사건 하나를 감추겠다고 나라의 영의정과 좌의정이 결탁하여 그 난리를 피운 것이더냐? 의금부제조는 들으라. 이 사건의 관련자들을 엄히 문책하겠다. 이 사건을 일으킨 서달은 사형에 처하고, 영의정 황희와 좌의정 맹사성은 파면한다. 또한 형조판서 서선은 직첩을 회수하고, 형조참판 신개와 감사 조계생, 형조좌랑 안숭선은 귀양 보낼 것이며, 나머지는 죄의 경중을 살펴 처리할 것이다!"

왕이 되면 알 것이야

하마터면 무고한 사람의 죽음으로 끝날 뻔한 조선시대의 권력형 비리 사건은 세종의 놀라운 추리력으로 그 전모가 낱낱이 밝혀졌다. 나중에 서달은 서선의 외아들이란 이유로 선처해 달라는 상소가 빗발쳐 사형 대신 귀양으로 형을 낮추었지만, 다른 이들은 법대로 처리되었다.

의금부제조는 사실 너무도 궁금했다. 그 상주문 하나로 앞뒤 정황이 맞지 않다고 짚어 낸 임금의 추리력은 다시 생각해도 놀라웠다. 사건이 일단락된 후 제조는 임금께 꼭 여쭙고 싶었으나 차마 입을 열지 못했다. 그 마음을 읽었는지 세종이 물었다.

"그 상주문을 보고 어찌 앞뒤가 맞지 않다 했는지 궁금한가?"

드디어 그 이유를 알려 주시는 건가, 의금부제조는 긴장하며 임금을 쳐다보았다. 세종이 가까이 오라 손짓했다. 임금께 다가가는 제조의 발걸음이 떨렸다. 세종이 낮은 목소리로 말했다.

"그 이유는 말일세……. 자네가 왕이 되면 알 것이야."

의금부제조는 불에 데인 듯 깜짝 놀랐다. 그 모습을 본 세종은 박장대소하였다.

"하하하!"

놀림을 받은 의금부제조는 살짝 부끄러웠지만, 임금의 자리라는 것이 더 넓은 시야를 갖게 하고 나라의 근본인 백성 편에서 생각하도록 만드는 자리라는 뜻이라 여겼다.

천민의 딸, 정경부인 되다

연산군에게 쫓겨난 이장곤과 부인 양씨

1505년(연산군 11), 거제도로 유배 가던 죄인 한 명이 도망을 쳤다. 그의 이름은 이장곤李長坤. 전직 교리校理(글을 짓는 정5품 문관 벼슬) 출신으로, 1504년 갑자년에 일어난 대규모 피의 숙청(갑자사화)에 연루되어 거제에 유배되어 가는 중이었다.

1495년 성종에 이어 즉위한 연산군은, 이때에 이르러 간신 임사홍에게 생모인 폐비 윤씨의 이야기를 들었다. '폐비 윤씨 문제를 100년이 지난 뒤까지 아무도 논하지 말라'는 성종의 유명遺命은 아무 소용이 없었다. 연산군은 20여 년 전 일어난 생모의 사사 사건과 관계된 사람들을 모두 잡아 죽였다. 아버지 성종의 후궁 둘을 궁중 뜰에서 때려죽이고, 그들의 아들들도 귀양을 보내어 죽였다. 사형이나 부관참시剖棺

斬屍(이미 죽은 자의 시체를 꺼내어 목을 벰)된 자만 백여 명이었다.

1495년(연산군 1) 생원시에 장원으로 합격한 이장곤은, 문장뿐 아니라 무예에도 능한 인재였다. 연산군은 유배를 보낸 이장곤이 변을 일으킬까 염려하여 다시 서울로 올려 처형하려 했다. 이장곤은 이 사실을 눈치 채고 감시가 소홀한 틈을 타 도망쳤다.

목숨을 구해 준 고리장이 딸

이장곤은 관원의 눈길을 피해 함경남도 함흥으로 향했다. 열아홉에 강궁을 잘 쏜다는 천거를 받아 성종 임금 앞에서 강궁을 쏘고 시를 짓던 게 엊그제 같은데…… 3년 후 생원이 되고, 다시 9년 후인 1504년 이극균에게 천거를 받아 교리가 되었다. 그것이 문제였다.

연산군의 어머니 폐비 윤씨에게 사약을 들고 간 사람이 이극균과 같은 광주 이씨로 친족 관계인 이세좌였다. 갑자사화 때 이극균과 이세좌는 죽음을 당했다. 연산군은 이장곤도 이극균에게 천거를 받았으니 같은 무리라고 생각했다.

연산군은 이장곤을 잡아들여 이극균과의 관계를 자복하라며 고문했다. 이장곤이 아무리 활쏘기에서 여러 차례 수석을 차지하여 천거를 받은 것이라고 말해도 연산군은 믿지 않았다. 장장 몇 달에 걸친 고문에도 이장곤이 같은 말만 되풀이하자, 연산군은 이장곤을 일단 거제로 보냈다. 연산군이 결국 자신을 죽일 거라는 사실을 눈치 챈 이장곤은 위험을 무릅쓰고 탈출을 감행했다. 이때 장곤의 나이 서른하나였다.

장곤은 걷고 또 걸어서 함흥 어느 곳에 이르렀는데 목이 너무 말랐다. 마침 저쪽에 우물이 보여 걸음을 재촉했다. 한 처자가 빨래를 하고 있었다. 양반집 규수는 아니었으나 아름다운 여인이었다.

"낭자, 물 좀 주시겠소."

깜짝 놀란 처자가 장곤을 아래위로 쳐다보았다.

"목이 많이 마르신가 봐요. 여기 물 드세요."

처자가 건네준 바가지엔 버들잎이 띄워져 있었다. 장곤은 버들잎을 피하며 천천히 양껏 물을 마셨다. 그리고 이런저런 이야기를 나누었다. 장곤은 병으로 가족들을 잃고 떠돌이가 되었다고 거짓말을 했다.

"저런……. 저희 아버지는 고리장이(키버들로 물건을 만들어 파는 직업)이고, 양수척의 무리에서 살고 있습니다. 괜찮으시면 오늘 밤은 저희 집에 묵으십시오."

양수척楊水尺은 천민계급의 무리로, 세종 때 백정으로 이름이 바뀌었다. 참으로 곱고 참한 처자였다. 그날 밤, 장곤은 처자의 집에서 신세를 졌다. 그런데 장곤을 본 처자의 아버지는 장곤이 마음에 들지 않는 눈치가 역력했다.

"우리 내자가 아가를 가졌을 때 우물가에서 예쁜 나비를 보았는데, 그 나비가 엄청 큰 파란 나비를 데리고 우리 집에 오는 꿈을 꾸었소. 점 좀 본다는 점쟁이가 말하길 정경부인을 낳을 징조라 하였는데, 그래서 그런지 이 근처 사람들이 다 탐내는 게 우리 딸이요."

자기 딸에게 딴맘 먹지 말라는 경고였다. 이장곤은 고리장이 양씨의 집에서 며칠간 묵었다. 천한 고리장이의 딸 같지 않은 품위와 아름다움이 장곤의 마음을 물들였다. 처자도 같은 마음이었다. 결국 고리장이 양씨는 마음에 들지 않는 사위를 맞게 되었다.

그 꼬락서니가 어찌나 한심한지, 매일같이 하는 일이라곤 먹고 자고 먹고 자는 일뿐이었다. 얼마나 얄밉던지, 하루는 식구들이 모여서 밥을 먹을 때 일부러 사위의 밥을 반절이나 덜어서 밥솥에 쏟아 버렸다.

"밥이란 일한 사람이 먹는 걸세. 밥을 먹으려거든 일을 하게."

그러자 딸이 아버지에게 말했다.

"아버지, 그래도 면전에서 밥을 그리 쏟으시면 얼마나 무안하겠어요. 서방님이 아직은 때를 만나지 못해 이리 있는 것이니 아버지도 너무 미워하지 마세요."

장곤으로선 고맙고 또 고마운 아내였다. 사실 장곤은 밖에 나다닐 수 없었다. 연산군은 현상금까지 걸고 그를 찾으려고 혈안이 되어 있었다. 늘 조마조마하여 낮에 자고 바깥출입을 삼가고 있는 것인데, 장인이 이를 어찌 알리오.

장인 양씨는 면전에서 장곤의 밥을 빼앗는 것은 예사이고, 밥도 반그릇인데 도중에 한 숟가락씩 가져가고, 반찬이라도 집을라 치면 은근슬쩍 가로채고, 밥 먹다 목이 막혀 물이라도 마실라 치면 먼저 선수쳐서 다 마시고, 낮잠을 청하려고 하면 괜히 물을 뿌리고, 변소에 앉아 있으면 급한 척 나오라고 보채고, 여름에는 방문을 닫아 놓고 겨울에는 방문을 열어 놓고, 그러다 혹여 원망 섞인 눈으로 쳐다보면 딴청을 부렸다.

　장인이 미운 사위를 아무리 구박해도 장곤으로선 허허 넘기는 수밖에 없었다. 그렇게 여러 달이 흘렀다.

중종반정으로 천지가 개벽하다

　1506년 9월 1일, 박원종과 성희안 등이 훈련원 무사들을 규합하여 조선의 제10대 왕인 연산군을 몰아내고 연산군의 이복동생인 진성대군을 왕으로 추대했다. 바로 중종반정中宗反正이다. 연산군은 폐위되어 강화도에 안치되었다. 성종의 계비인 대비 윤씨 소생인 진성대군은 다음 날인 9월 2일 경복궁 근정전에서 새로운 왕이 되었다.

　말이 '반정反正', 곧 그릇된 것을 바로잡는 것이지 실은 쿠데타였다. 조선 역사상 최초의 반정으로 온 나라가 떠들썩했다. 소문은 곧 한양에서 멀리 떨어진 함흥 땅에까지 들려왔다. 이 소식을 들은 이장곤은 그곳 땅을 밟고 처음으로 훤한 대낮에 함흥 부중府中으로 달려갔다. 그러나 천한 고리장이 행색의 그를 관아에서 들여보내 줄 리 만무했다. 장곤은 붓과 벼루를 빌려 서찰을 쓴 후 이것을 꼭 관찰사에게 전해 달라고 부탁했다.

　한참을 기다리니 마침내 문이 열렸다.

　"이보게 금헌琴軒! 금헌 아닌가? 살아 있었구만!"

　다행히 관찰사는 장곤이 잘 아는 사람이었다. 두 사람은 관아에 들어가 지난 이야기를 나누었다. 연산군이 왕위에서 끌어내려진 것은 사실이었다. 이제 장곤은 한양으로 돌아갈 수 있게 되었다. 관찰사와 얘기를 나눈 장곤은 양수척 마을로 향했다. 관찰사가 말과 의복을 보내 주면, 한양으로 돌아가 원래 자리로 돌아갈 터였다. 연산군에 의해 유배되거나 파직당했던 사람들이 속속 복귀하고 있었다.

고리장이 양씨 집에서는 식구들이 모두 장곤을 기다리고 있었다. 이 집에 들어온 이래로 바깥출입을 모르던 사람이 갑자기 실성한 사람처럼 뛰쳐나가 돌아오지 않으니 식구들의 걱정이 이만저만이 아니었다.

"서방님! 어디를 다녀오세요? 걱정했잖아요."

얼른 나와 맞는 아내와 달리, 장인 양씨는 불같이 화를 냈다. 장곤은 눈물이 나올 것만 같았다. 이윽고 밤이 되었다. 장곤은 곁에 누운 아내에게 말을 걸었다.

"주무시오?"

"아뇨, 왜 무슨 일이 있으세요?"

장곤은 자리에서 일어났다. 아내도 따라 일어나 앉았다. 장곤은 아내와 마주 앉아 조용히 지난 일들을 이야기했다. 자신이 한양에서 어떤 사람이었고, 어떤 연유로 도망자 신세가 되었는지, 이제 세상이 바뀌었으니 어떻게 해야 하는지…… 깜짝 놀랄 줄 알았던 아내는 그저 담담히 듣고 있었다.

"그럼 이제 어떻게 되는 건가요?"

"내일 관찰사가 말과 의복을 보내 주기로 했으니, 난 내일 한양으로 떠나려 하오."

그 말을 들은 양씨는 눈물을 쏟았다.

"서방님께 말 못할 사연이 있을 거라고는 생각했습니다. 그러나 그런 사연이 있을 줄은……. 제가 비록 천한 고리장이 딸이지만 양반과는 엄연히 신분이 다르다는 걸 알고 있습니다. 그동안 이곳에서 얼마나 답답하고 아버지의 구박에 힘드셨어요. 이제 한양에 가서 중요한 일들을 하셔야죠. 아버지께는 제가 잘 말씀드리겠으니 날이 밝는 대로 떠나세요."

임금에게 허락받은 특별한 혼인

두 사람이 정식으로 혼인한다 해도 양씨는 장곤의 첩이 될 수밖에 없는 것이 조선의 법도였다. 양반과 천민의 혼인은 하늘이 두 쪽 나도 있을 수 없는 일이었다. 장곤은 아내의 눈물을 닦아 주며 손을 잡았다.

"나는 당신과 부부의 연을 맺은 뒤 한 번도 후회하거나 부끄러운 적이 없었소. 대장부로 태어나 내가 양반이라는 이유로 이리 고운 아내를 버린다면 그것은 금수나 다름없다 생각하오. 내가 오늘 밤 이야기를 꺼낸 것은 내일 같이 한양으로 가자는 말을 하고 싶어서였소."

장곤의 말에 양씨는 또 한 번 눈물을 흘렸다.

"서방님, 고맙습니다. 서방님께서 그리 생각해 주시는 것만으로도 저는 행복합니다. 그러나 미천한 제가 서방님과 함께 한양으로 가서

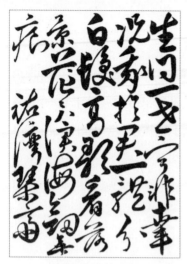

1926년 백두용白斗鏞이 우리나라 역대 인사들의 필적을 모아 엮은 《해동역대명가필보海東歷代名家筆譜》에 수록된 이장곤의 글씨.

서방님의 앞길을 막을 수는 없습니다."

장곤은 아내를 와락 끌어안았다.

날이 밝자 장곤은 일찍 일어나 마당을 쓸었다.

"어? 오늘은 해가 서쪽에서 떴나? 사위가 웬일인가? 진짜 실성한 건가?"

장곤은 공손히 인사를 올린 후 장인에게 자초지종을 이야기했다. 고리장이 양씨는 너무 놀라 자기 볼을 꼬집고 때리느라 정신이 없었다.

"그러니까 사위가 양반이고 한양에서 벼슬 하던 사람이라는 거지? 근데 연산군 때문에 도망쳤다가 이제 왕이 바뀌어서 다시 한양에 간다는 거고?"

고리장이 양씨의 머릿속엔 지금까지 사위를 구박한 일들이 주마등처럼 지나갔다. 설마 나한테 서운하다고 내 딸한테 못되게 굴진 않겠지. 그럴 사람은 아니야. 드디어 양씨 집에 장곤이 타고 갈 말과 의복, 그리고 가마가 도착하였다. 양수척 마을이 생기고 처음 보는 일에 온 동네 사람들이 놀라서 구경을 나왔다.

"뭐여, 그 게으르다고 구박받던 사위가 한양에서 벼슬 하던 사람이었어?"

말을 탄 이장곤은 가마를 타는 아름다운 아내를 뿌듯한 마음으로 바라보았다.

"세상에, 옷이 날개라더니. 이제는 양반 부인 같네. 어쩜 곱다 고와."

끝내 울음을 보이는 장인과 장모를 뒤로하고 이장곤과 아내 양씨는 한양으로 떠났다. 한양으로 돌아온 이장곤은 천민 출신 아내 때문에 비난이 일자 직접 중종에게 지난 이야기를 올려 양씨를 '정식 부인으로 인정받았다.

이장곤은 1508년(중종 3) 박원종의 추천으로 다시 홍문관 부교리 등을 거쳐 이듬해 동부승지가 되었다. 이어 평안도병마절도사가 되었고, 1514년에는 이조참판, 1515년에는 대사헌이 되었으며, 1516년 전라도관찰사에 임명되었다가 변경의 일을 잘 안다 하여 함경도관찰사가 되었다. 1518년에는 이조판서가 되고, 1519년에는 우찬성과 병조판서를 겸임하였으니, 그 아내 양씨는 천민 출신으로 가히 '조선판 신데렐라'라 불릴 만했다.

문정왕후를 능가하는 악후惡后

숙 종 의   어 머 니   명 성 대 비

518년간의 조선 역사에는 '명성'이라는 시호를 받은 왕비
가 둘 있다. 시호는 왕이나 왕비, 사대부들이 죽은 후 그 공덕을 찬양
하여 붙이는 이름이다. 첫 번째 왕비는 조선 제18대 임금 현종의 비이
자 숙종의 어머니인 명성왕후明聖王后 김씨고, 두 번째 왕비는 조선 제
26대 임금 고종의 비이자 순종의 어머니인 명성황후明成皇后 민씨다.
두 왕비 모두 시호대로 지략이 출중했다. 또한 아버지와 형제 등 외척
세력을 적극 활용하는 당파정치를 폈고, 둘 다 40대의 이른 나이에 세
상을 떠났다.

시아버지 흥선대원군과 대립한 명성황후 민씨에 비해, 조정 신료들
이 모여 국사를 의논하는 정청政廳에서 대성통곡하여 곤경을 모면한

명성왕후 김씨의 일은 잘 알려져 있지 않다.

저 꼴 보기 싫은 '3복'을 죽여라

조선의 제19대 임금 숙종은 1661년 8월 15일 경덕궁 회상전에서 태어나, 1667년 정월 여섯 살에 왕세자로 책봉되었다. 1674년 8월 현종이 33세의 나이에 승하하자, 현종의 외아들 순焞이 13세의 나이에 즉위하니 곧 숙종이다. 숙종의 어머니가 바로 청풍부원군 김우명의 딸인 명성왕후이다.

아버지 현종 대에 숙종에게 할아버지 되는 효종과 할머니 되는 인선왕후의 장례 예절을 놓고 서인과 남인의 주장을 번갈아 채택하는 바람에 두 당파 간의 당쟁이 심화되었다. 조선의 왕 중 영조 다음으로 재위 기간이 긴 숙종 치세 46년간은, 조선 중기 이래 심화된 붕당정치 朋黨政治가 절정에 이르렀다가 극적으로 붕괴된 시기다. 이를 바꿔 말하면, 임진왜란 이후 약해지기만 하던 왕권을 오히려 강화시킨 예외적인 왕이 숙종이었던 것이다. 그 뒤에는 어린 나이에 즉위한 아들을 필사적으로 지키려 한 어머니 명성왕후(대비) 김씨가 있었다.

"이제 믿을 곳은 아버님밖에 없습니다. 경신 대기근 때 보지 않으셨습니까? 복선군이 청나라에 가서 대량의 구휼품은 얻어 왔잖습니까. 물론 나라를 위해 장한 일을 했습니다만, 분명 저 셋은 주상에게 위협적인 존재들입니다."

청풍부원군 김우명은 아무 말 없이 고개를 끄덕였다. 명성대비 김씨가 한숨을 쉬었다.

"그때 청나라 강희제께서 너희 나라가 빈궁하고 백성이 굶주리는 건 왕권보다 신권臣權이 강해서라고 했다지요. 이제 주상의 나이 열세 살입니다. 어려서부터 병약하셔서 늘 잔병이 많았는데, 인평대군의 '3복'이 있는 한 우리 주상은 보위를 지키기 힘들 수도 있습니다. 어떻게든 저 셋을 없애야 합니다."

명성왕후 김씨는 조선의 18대 임금 현종의 정비로, 현종과의 사이에서 숙종과 공주 셋을 낳았다. 성격이 어찌나 다혈질인지 현종이 아내 등쌀에 후궁 하나를 두지 못했다 한다. 그런데 현종이 갑자기 승하하고 어린 나이에 아들이 보위에 오르자 혹시라도 병약한 아들이 주변 세력에게 위협을 당하지 않을까 전전긍긍하였다. 그중에서도 인평대군의 세 아들인 복창군福昌君과 복선군福善君, 복평군福平君, 일명 '3복福' 형제에 촉각을 곤두세웠다.

인평대군麟坪大君이 누구인가? 조선 제16대 왕 인조의 셋째 아들로, 숙종의 할아버지인 효종의 동복아우이다. 효종과 인평대군은 우애가 깊었다. 현종 또한 사촌인 인평대군의 세 형제를 아꼈고, 어릴 때부터 그런 모습을 보아 온 숙종 역시 3복 형제와 잘 지냈다. 아버지 현종의 사촌이니 숙종에게는 5촌 당숙들이었다. 그러나 명성대비가 보기에 3복 형제는 자신의 어린 아들을 위협하는 잠재적 적수였다. 3복 형제 역시 적통 왕자들인 데다, 무엇보다 셋 다 서른 중반의 한창때가 아닌가.

"그래서 아버님께서 지금 나서 주셔야겠습니다."

대비는 목소리를 낮추었다.

"내 아주 긴히 전할 말씀이 있습니다."

대비는 조용히 아버지 김우명에게 속삭였다. 이야기를 들은 김우명은 깜짝 놀랐다.

"사실입니까?"

그리고 며칠 후 '홍수의 변紅袖之變'이 터졌다.

'홍수의 변' 경과

1675년 숙종 1년 3월 12일.

명성대비의 아버지인 청풍부원군 김우명이 복창군, 복선군, 복평군 형제를 고발하는 차자劄子를 올렸다. 차자는 상소보다 간략한 글인데, 그 내용은 다음과 같았다.

복창군은 1674년 인선왕후(효종의 정비로 복창군에겐 형수)의 초상 때 입궁하여 나인 김상업을 범해 임신시켜 아이를 낳았다. 복평군은 명성왕후가 아파 누웠을 때 현종이 명성왕후의 치료 절차를 맡아 처리하라 궁으로 불렀는데, 그때 궁에 머무르며 궁녀 귀례를 희롱하고 임신시켰다.

고발이 접수되자 바로 의금부에서 연루된 자를 모두 잡아 가두고 신문하였다. 왕족으로서 왕의 여자들을 희롱하고 임신시키다니, 이는 사형으로 다스려야 하는 중죄였다. 그런데 의금부에 잡혀 온 이들이 하나같이 억울하다며 무죄를 호소하였고, 김상업은 아이를 낳은 흔적을 찾을 수 없었다. 귀례 또한 임신의 흔적을 찾을 수 없었다. 김우명의 고발 말고는 그 어떤 증인이나 증언, 물증이 없는 사건이 되어 버린 것이다.

그러자 숙종이 나서서 하루 만에 세 형제에게 무죄를 선고하고 사건을 종결시켰다.

3월 13일

이 소식을 들은 이조참판 허목과 참의 윤휴 등이 무고히 왕족을 모함한 청풍부원군 김우명을 무고죄와 반좌율反坐律(무고한 사람에게 무고한 것과 같은 죄명으로 벌을 주는 법)로 다스릴 것을 주청하는 상소를 올렸다. 이들은 오전에 입궐하여 14일 새벽까지 대궐 앞에서 시위를 벌였다.

"김우명을 국법으로 다스려 주시옵소서!"

이들의 목소리가 쩌렁쩌렁하게 온 궁에 울려 퍼졌다. 대비전에도 그 소리가 들렸다. 아들을 구하려다 아버지를 죽이게 생겼구나. 명성대비는 심장이 오그라들고 명줄이 짧아지는 듯했다. 곧 김우명이 금오金吾(의금부)에 대기하고 있다는 소식이 전해지자, 대비는 도저히 그대로 있을 수 없었다.

3월 14일

명성대비는 한밤중에 왕명을 사칭하여 대전에 대신들을 불러들였다. 왕명을 받고 대신들이 부랴부랴 입궁하였는데, 그들을 맞이한 건 숙종과 소복 차림을 한 명성대비였다. 대비는 대신들을 보자 대성통곡하기 시작했다. 한밤중에 임금의 모후가 대성통곡을 하니 신하들은 어찌할 바를 몰랐다. 허적이 말했다.

"자전慈殿(왕대비)께서 이리 우시니 신들은 황공하여 어찌할 바를 모르겠습니다."

그러자 숙종이 말하였다.

"나는 그동안의 일을 잘 몰라 왕대비께서 직접 복평 형제의 일을 말하려고 여기에 나오셨소."

허목은 왕대비의 정치 간섭이 부당하다며 숙종에게 사사로운 정을 버리라고 간언하였다. 승지 조사기는 "문정왕후를 다시 보는구나."라며 한탄했다. 그러나 영의정 허적은 하실 말씀이 있으시면 신하된 도리로 어찌 듣지 않을 수 있냐며 대비를 감싸 주었다. 대비는 대신들을 향해 말하였다.

"미망인으로서 늘 죽지 못한 것을 한탄하였소. 복평 형제의 일은 망측한 일이 있지만, 선조先朝와 관계되어 내 그동안 침묵하고 살았소. 그러나 침묵하는 것 또한 다른 죄를 짓는 것이라 이제는 말하겠소."

대비의 항변 1. 복창군과 나인 김상업

"선왕께서 복평 형제를 아끼신 것은 대신들도 알 것이오. 그런 이유로 나 또한 침묵하였던 것이고, 주상은 어려서 곡절을 모르시니 이제 이렇게 말할 수밖에 없음을 알아주길 바라오. 주상께서 춘궁春宮(세자가 머무는 동궁)에 계실 때 학문에만 부지런하시어 다른 일은 관여하지 않으셨소. 궁에 있다 한들 어찌 그때의 일을 알겠소.

나인 김상업은 인물이 그리 변변치 않았던 것으로 기억하오. 인선 대비의 초상에 두 왕자와 복창 형제가 들어와 상사喪事를 돌보았음은 다들 알 것이오. 그때에 복창과 김상업이 보기에 망측한 일이 있었으나 사실 나는 병중이어서 잘 알지 못했소. 그러나 그때 선왕께서 나에게 말씀하시길 '내가 보는 곳에서 복창과 김상업이 불안한 기색이 있었는데, 혹시 다른 사람 눈에 띄면 복창에게 화가 될까 두렵소. 서로 가까이 못하게 하여야겠소.' 하시니, 내가 늙은 상궁을 불러 '김상업이 이상한 거동을 못하도록 잘 살펴주게.' 하였소. 선왕께서는 '남녀의 욕정은 남이 제지하기 어려운 것인데 복창을 보니 큰 근심이 일어날 것이다.' 하시었소. 나는 선왕의 걱정을 이해한바 내치기를 여러 번 고민하였으나 인선대비께서 신임하시던 사람이라 그러지 못하였소.

그때 궁에서 나인이 밖에 나가려면 어필御筆로 철패鐵牌에 '출出'자를 써 준 후에야 비로소 나갈 수 있는데, 어느 날 김상업이 병을 핑계대어 욕초浴椒(인왕산 밑 초정 우물에 목욕하러 가는 일)를 청하자 선왕께서 무심코 출 자를 써 주시고 그 뒤에 나인이 밖에 나간 것을 알고 나인 김씨가 누구인지 물으셨소. 그때 김상업인 걸 아시고 깜짝 놀라 '혹시 아이라도 낳게 되면 덮어 주기 어려우니 빨리 불러들여야 한다고' 하시었소. 그러나 김상업은 돌아오지 않고 선왕께서 별감을 보내어 무슨 까닭으로 나갔는지 물었더니 혼전魂殿 상궁이 나가게 하였다 하므로, 선왕께서 상궁을 불러 물으셨으나 상궁은 모른다고 대답하였소. 선왕께서 노하시는 중 갑자기 승하하시게 된 것이오. 김상업은 그제야 살며시 궁에 돌아왔소.

그동안 이리 말을 아끼고 산 까닭을 이제 대신들도 알 것이오. 선왕이 복평 형제를 그리 아끼시고 감싸 주려 하셨는데 내가 이리 밝히는 것은 너무도 원통한 일을 겪어서요."

대비의 항변 2. 복평군과 궁녀 귀례

"귀례의 일은 내가 눈으로 보지 못했으나 궁에 더러운 말들이 많았소. 지난해 내가 병이 위중할 때 선왕께서 복창 형제를 시켜 병후病候를 알아보게 하신 일을 알 것이오. 복평군이 늘 차를 찾아 마시고는 종지를 남겨 두었다가 귀례가 찾으러 가면 '왜 차를 친히 가져오지 않는 거냐?' 하고는 손을 잡아 희롱하면, 귀례가 보는 눈이 많아 거절했다 하오. 그런 후 강압으로 여러 번 회상전會祥殿의 월랑月廊에서 만났는데, 이 이야기 또한 선왕께 직접 들은 이야기며 나 또한 여러 경로로 들은 이야기요. 묻어 두고 덮어 주시려는 게 선왕의 뜻이니 나 또한 그리 따라야 하지만, 복창 형제가 지금 습렴襲斂의 집사로 궁에 있으니 나는 전과 같은 일이 있을까 늘 염려가 되는바 주상께 여러 번 파직하고 내치도록 말하였지만, 아직 어려서 소상하게 알지 못하니, 내용을 알고 있는 청풍부원군 김우명께서 나서시어 고발차자를 올린 것이오.

난 이 나라 종묘사직을 위해 죽는 것이 두렵지 않소. 그러나 전과 같은 일이 일어난다면 알고도 묵인한 내 죄 또한 크니 선왕의 뜻을 알면서도 이리 나서게 된 것이오. 이제 말씀들 해 보시오. 저 청풍부원군께서 무고죄요? 내가 무고죄요? 만약 그렇다면 난 쾌히 죽음을 받들도록 하겠소."

그러자 허적이 말하였다.

"자전慈殿(임금의 어머니)께서 말씀하시기 전까지 신들은 그 내용을 알 수가 없었습니다. 청풍부원군께서 다른 사람과 다르게 그 내용을 소상히 알고 있어 고발 차자를 올린 것인데 신들이 경솔했습니다."

조용히 듣고 있던 숙종 또한 말하였다.

"나 또한 내명부의 일을 잘 몰랐기 때문에 일어난 일이다."

허적이 다시 거들었다.

"내명부의 일을 신들은 더욱 모르는 바이나, 이제는 죄상이 드러났으니 법대로 처리해야 할 듯하옵니다."

이제 여러 신하들 사이에서 세 형제를 사형에 처해야 한다는 이야기가 오갔다. 그러자 대비가 말했다.

"그래도 선왕께서 아끼셨고 그리 감싸 주셨는데 사형은 너무한 듯하고 멀리 유배 보내는 것이 좋을 듯합니다."

대단한 어머니도 어쩌지 못한 며느리

명성대비의 뜻대로 3형제는 유배에 처해졌고, 명성대비의 아버지 청풍부원군 김우명은 의금부에서 풀려났다. 그러나 3복 형제에 대한 대비의 불안감은 집요하여, 그로부터 5년 후인 1680년(숙종 6) '경신환국庚申換局' 때 3형제는 대비의 뜻대로 처형되었다.

그해 3월, 당시 집권 세력인 남인의 영수 허적이 조부의 잔칫날 비가 오자 비가 새지 않는 왕의 천막을 사사로이 가져다 사용했다. 이 일로 화가 난 숙종은 허적을 영의정 자리에서 내쫓고, 조정의 주요 자리를 모두 서인으로 바꾸었다.

엎친 데 덮친 격으로, 4월 허적의 서자인 허견이 3복 형제와 역모를 꾀했다는 고변이 접수되었다. 이른바 '3복의 변'이다. 허견이 복선군에게 "주상께서 몸이 약하고, 형제도 아들도 없는데 만일 불행한 일이 생기는 날에는 대감이 왕위를 이을 후계자가 될 것이오. 이때 만일 서인들이 임성군(인조의 아들인 소현세자의 손자)을 추대한다면 대감을 위해 병력을 뒷받침하겠소." 하였으나 복선군이 아무 말도 없더라는 것이었다.

이제 서인 천하가 펼쳐졌다. 그러나 서인 세력을 지지한 명성대비도 어쩌지 못한 남인 출신 상대가 있었으니, 바로 궁녀 출신의 장옥정張玉貞 희빈 장씨였다. '머리를 따 올릴 때부터' 궁에 들어와 생활했다고만 되어 있는 장옥정은, 역설적이게도 경신환국 무렵부터 숙종의 총애를 받아 대비의 속을 뒤집었다. 대비가 옥정을 미워한 가장 큰 이유는, 옥정의 숙부가 남인 세력의 '돈줄'이었던 장현이었기 때문이다. 대비는 옥정이 성품이 극악하여 숙종의 총기를 흐릴 수 있다며 궁에서 내쫓았다.

이처럼 아들을 위해서라면 물불을 가리지 않았던 명성대비는, 결국 아들 때문에 때 이른 죽음을 맞는다. 1683년 숙종이 알 수 없는 병에 걸

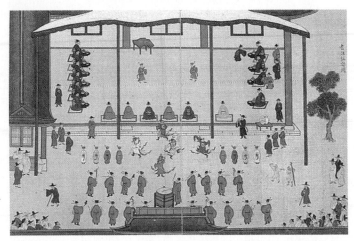

1719년(숙종 45) 4월 17일, 18일 숙종이 70세 이상 정이품 이상의 중신 11명을 불러 베푼 경로잔치를 글과 그림으로 기록한 《기해기사첩己亥耆社帖》, 보물 929호, 국립중앙박물관 소장.

려 자리에 눕자, 무당을 궁으로 불러 굿을 벌였다. 그런데 무당이 왕의 병이 나으려면 왕의 어머니가 삿갓을 쓰고 홑치마만 입은 채 물벌을 서야 한다고 했다. 대비는 이를 받아들여 추운 겨울에 홑치마 차림에 삿갓을 쓰고 물벼락을 맞았다. 결국 명성대비는 독감에 걸려 그해 음력 12월 5일 창경궁 저승전에서 세상을 떠났다. 대비의 나이 41세였다.

대비가 승하하자 옥정은 곧바로 다시 궁에 들어왔다. 그 다음 이야기는 TV 드라마에서 익히 보아 온 대로이다. 3년 후 숙원으로 책봉된 옥정은, 2년 후 경종을 낳고 이듬해인 1689년(기사년) 희빈이 되었다. 장희빈의 아들로 대통을 이으려는 숙종과 송시열의 서인이 격돌하고, 숙종의 계비 인현왕후 민씨가 폐비되고, 장희빈이 왕비로 책봉되고……

숙종의 어머니 명성대비가 일찍 죽지 않았다면 이 모든 드라마가
가능하지 않았을 것이다.

한국유사

2014년 10월 5일 초판 1쇄 발행

지은이 | 박지은
펴낸이 | 노경인 김주영

펴낸곳 | 도서출판 앨피
출판등록 | 2004년 11월 23일 제2011-000087호
주소 | 우)120-842 서울시 영등포구 영등포로 5길 19 (양평동 2가) 동아프라임밸리 1202-1호
전화 | (02)336-2776 팩스 | 0505-115-0525
전자우편 | lpbook12@naver.com

ISBN 978-89-92151-60-3